Susanne Breuninger-Ballreich

Was Sie stark macht –
verborgene Kräfte aktivieren

HERDER spektrum

Band 5972

Das Buch

Voller Selbstvertrauen die eigenen Stärken leben - das geht, wenn der Zugang
zu den inneren Ressourcen frei ist. Dazu zählen nicht nur unsere unbeachteten
Fähigkeiten, sondern auch die Energie, die in unseren sogenannten »Schattenseiten« steckt. Wenn es gelingt, diese verborgenen Kräfte zu befreien und konstruktiv ins Leben zu integrieren, steigt die Lebensfreude und wir werden fähig,
flexibel und entschieden zu handeln. Beispiele und Übungen aus der Praxis der
Autorin helfen dabei, diese inneren Kraftquellen zu entdecken. Achtsamkeit zu
entwickeln für die eigenen Gefühle, Bedürfnisse und Gedanken ist dabei von
besonderer Bedeutung, ebenso wie die Anregung der körperlichen und emotionalen Lebendigkeit. So wird der Weg frei, um das eigene Potenzial auszuschöp-
fen und zu zeigen, was man kann.

Die Autorin

Susanne Breuninger-Ballreich, Gestaltpsychotherapeutin und Tanztherapeutin,
begann ihre berufliche Laufbahn als Schauspielerin am Theater. Heute leitet
sie das Zentrum für Gestalt- und Tanztherapie in Stuttgart (ZGT) und arbeitet
dort in eigener psychotherapeutischer Praxis mit Einzelpersonen, Paaren und
Gruppen. Sie ist darüber hinaus als Coach tätig und gibt Seminare an Institu-
tionen und in Unternehmen, u.a. zu den Themen Stressbewältigung, Konflikt-
und Selbstmanagement.

Susanne Breuninger-Ballreich

Was Sie stark macht – verborgene Kräfte aktivieren

HERDER

FREIBURG · BASEL · WIEN

Für meine Söhne Melchior und Jonas

Originalausgabe

© Verlag Herder GmbH, Freiburg im Breisgau 2009
Alle Rechte vorbehalten
www.herder.de

Umschlagkonzeption und -gestaltung:
R·M·E Eschlbeck / Botzenhardt / Kreuzer
Umschlagmotiv: © Masterfile

Layoutkonzept: tiff.any GmbH, Berlin
Satz: tiff.any GmbH, Berlin
Herstellung: fgb · freiburger graphische betriebe
www.fgb.de

Gesetzt aus der Linotype Janson Text Standard
Gedruckt auf umweltfreundlichem, chlorfrei gebleichtem Papier
Printed in Germany

ISBN 978-3-451-05972-8

Inhalt

Vorwort

Liebe Leserin, lieber Leser,

als der Verlag Herder bei mir anfragte, ob ich ein Buch zum Thema »Was Sie stark macht« schreiben wolle, habe ich mich gefreut. Ich habe mich dann sehr schnell entschlossen, diese Herausforderung anzunehmen: Mir wurde klar, dass jetzt der richtige Zeitpunkt ist, die Erfahrungen aus meiner psychotherapeutischen Arbeit und meiner persönlichen Entwicklung zusammenzufassen. Die Themen der folgenden Kapitel haben sich aus der Arbeit mit meinen KlientInnen und KursteilnehmerInnen entwickelt. Sie betreffen jeden, der erfüllt leben und sich persönlich weiterentwickeln möchte. Dazu braucht es das Ausschöpfen der eigenen Potenziale und Stärken, die oft zugeschüttet unter eingefahrenen Routinen und Abwehrhaltungen in unserer Seele ein Schattendasein führen.

Die wichtigste Erfahrung beim Schreiben des Buches war für mich, neben Praxisarbeit und Seminaren, über Monate »dranzubleiben« und durchzuhalten. Denn bei der kreativen Schreibarbeit blieb es nicht aus, dass ich immer mal wieder mit inneren Blockaden konfrontiert wurde. Ich habe diese Empfindungen und Gefühle zugelassen. Ich bin spazieren gegangen und habe die Wohnung aufgeräumt, Gespräche mit vertrauten Menschen geführt, von denen ich wusste, dass sie mich unterstützen. Regelmäßige Meditation hat mir geholfen, loszulassen und mich zu zentrieren. Mein tägliches Bewegungsprogramm und das Tanzen haben mir die nötige Energie gegeben. Wann immer ich am Abend Zeit hatte, malte ich mit farbigen Pastellkreiden. Es sind schöne, farbenprächtige Bilder entstanden. Das alles gab mir Kraft und inspirierte mich immer wieder von Neuem. So habe ich durch dieses Buchprojekt nicht nur beim Schreiben in mir selbst verborgene Kräfte aktiviert und an Stärke gewonnen.

An dieser Stelle möchte ich von Herzen den Menschen danken, ohne die dieses Buch nicht zustande gekommen wäre. Ich danke meinen Eltern, die es mir ermöglicht haben, meinen Weg zu gehen. Entscheidend für meine persönliche und berufliche Entwicklung war die Zeit bei meiner Schauspiellehrerin, Gertrud Schneider-Wienecke und ihrem Mann, dem Schauspieler Siegmar Schneider. Sie haben meine Potenziale gesehen und mir das Selbstvertrauen gegeben, auf der Bühne des Theaters als Schauspielerin aufzutreten. Für meine Ausbildung zur Gestaltpsychotherapeutin und Tanztherapeutin danke ich Christine Mayer-Brandt, Winfried Pohl, Almut Ladisich-Raine, Werner Gill, Heidrun Waidelich, Erika Achenbach und Dr. Peter Haenlein. Ich danke den Lehrern und Schülern des Diamond Approach von Hamid Almaas, die mich auf dem Weg der Selbsterforschung und Spiritualität begleiten. Ich danke meinen Klienten und Kursteilnehmern und meiner langjährigen Tanz- und Bewegungsgruppe für ihr Vertrauen. Ganz besonders danke ich Rudi, meinem Mann, für seine inspirierende, tatkräftige und geduldige Unterstützung bei der Bearbeitung des Textes! Ich danke Renate Sandkühler für die hilfreichen Anregungen zur sprachlichen Gestaltung des Buches und Judith Mark, meiner Lektorin vom Verlag Herder, die mir das Thema dieses Buches anvertraut und mich bei meiner Arbeit wertschätzend unterstützt hat. Das Buch widme ich in Liebe meinen Söhnen Melchior und Jonas.

Die Namen und Ereignisse in den Fallbeispielen sind so geändert, dass die Anonymität meiner Klienten gewahrt bleibt.

Susanne Breuninger-Ballreich

1 Wie Sie dieses Buch nutzen können

In den folgenden Kapiteln möchte ich Sie dazu anregen, Ihre verborgenen Stärken zu entdecken und mutig im Alltag einzusetzen. Ich lade Sie dazu ein, sich auf der Bühne des Lebens zu zeigen. Keineswegs aber möchte ich behaupten, Sie müssten nur positiv denken und alles würde gut! Das wäre zu einfach. Denn auch wenn positive Gedanken unmittelbar eine bessere Stimmung erzeugen, können sie allein noch keine tiefgreifende und dauerhafte Veränderung bewirken, wenn die innerste emotionale und mentale Einstellung negativ ist. Deshalb ist es notwendig, sich auch mit seinen Schattenseiten auseinanderzusetzen, wenn man seine Stärken entfalten will. Das sind die Seiten, die man an sich selbst am liebsten nicht wahrhaben, geschweige denn anderen Menschen zeigen möchte und die deshalb verdrängt werden. In unseren Schattenseiten steckt aber sehr viel kostbare Energie, die es zu entdecken und zu nutzen gilt. In unseren scheinbaren Schwächen sind unsere Stärken verborgen.

Sie werden in diesem Buch viele Anregungen finden, die Sie aufgreifen können. Sie können die Lektüre und das Ausprobieren der Übungen auch als eine Reise zu sich selbst betrachten, auf der Sie sich mir als Ihrer Reiseleiterin ein Stück weit anvertrauen. Ich möchte Sie anregen, Ihr inneres und äußeres Leben genauer anzuschauen. Sie werden dann selbst merken, was für die Entfaltung Ihrer eigenen Stärken und Fähigkeiten hinderlich und was förderlich ist.

Das Buch ist so konzipiert, dass jedes der vorgestellten Themen erläutert und durch Praxisbeispiele vertieft und veranschaulicht wird. Zu jedem Kapitel stelle ich Ihnen verschiedene Übungen vor, die Sie selbständig ausprobieren können. Sie stellen Wege dar, Ihre unentdeckten Potenziale zu entfalten. Es handelt sich dabei um folgende Übungsansätze:

> Achtsamkeit: Bewusstheit entwickeln.
> Selbstreflexion: Mit sich selbst ins Gespräch kommen.
> Körperwahrnehmung: Die Signale des Körpers wahrnehmen lernen.
> Gefühlswahrnehmung: Die Gefühle als Energiequelle nutzen.
> Situatives Handeln: Flexibel handeln im Alltag.

Ich möchte Ihnen diese Übungsansätze nun genauer vorstellen.

Bewusstheit und Achtsamkeit entwickeln

Der rote Faden dieses Buches ist die Schulung der eigenen Bewusstheit bzw. Achtsamkeit. Denn der erste und wichtigste Schritt zur Selbstveränderung besteht darin, dass man lernt, sich selbst mit seinen eigenen Gedanken, Gefühlen und Bedürfnissen wahrzunehmen. Darauf bauen auch die anderen Übungsansätze auf.

Stellen Sie sich die Bewusstheit als eine klare und reine Lichtquelle vor, die immer da ist. Nun ist es so, dass diese Lichtquelle oft durch Wolken, Nebel, Wind und Regen verdeckt ist. Darunter verstehe ich die vielen Gedanken, Vorstellungen, Phantasien und Erinnerungsbilder, die sich vor das bewusste Erleben des momentanen Augenblicks schieben, wie die Wolken am Himmel vor die Sonne. Achtsame Bewusstheit besitzt die Fähigkeit, auf alles gleich-gültig zu schauen, vorurteilsfrei und nicht wertend; sie kann die Dinge wahrnehmen, wie sie sind, ob angenehm oder unangenehm. Unsere Bewusstheit ist das wertvollste Potenzial, das wir besitzen. Ein Hauptanliegen dieses Buches ist es deshalb, diese Kraft freizulegen. Denn in dem Augenblick, wo Sie achtsam und bewusst sind, fühlen Sie sich klar, ruhig und gesammelt. In dieser Haltung können Sie alles so sehen und annehmen, wie es im Moment ist – sich selbst, Ihre Umgebung, Ihren Partner, Ihre Kinder, Ihre Mutter, Ihre Berufskollegen, das Regenwetter, die Schmerzen im Knie ... Und das ist ein realistischer Ausgangspunkt für jeden nächsten Schritt: Sie können die Situation akzeptieren und nichts tun oder Sie können Veränderungsschritte unternehmen.

Wenn Sie verborgene Kräfte aktivieren wollen, müssen Sie diese Kräfte aus der Verborgenheit in die Sichtbarkeit holen. Das hat viel damit zu tun, achtsam wahrzunehmen, was man empfindet, fühlt, denkt oder will. Natürlich kann dies auch dazu führen, dass man Gefühle, Empfindungen und Gedanken wahrnimmt, die unangenehm sind. Sie werden sich vielleicht fragen, wofür es denn gut sein soll, Gefühle wie Unsicherheit, Traurigkeit, Angst und Wut bewusst zu spüren? Die Antwort ist recht einfach: In diesen Gefühlen steckt eine starke Kraft, die sich ausdrücken will. Wird die Botschaft solcher Gefühle nicht beachtet, sondern ignoriert und verdrängt, dann kann sich diese nicht gelebte Energie als Unmut, Frustration, Antriebslosigkeit, als depressive Verstimmung, Angst oder in psychosomatischen Beschwerden äußern. Daher ist es wichtig, sich auch mit den unangenehmen Gefühlen auseinanderzusetzen und zu lernen, wie ihre Kraft positiv genutzt werden kann.

Bewusstheit ist der Schlüssel, der die Türe zu den Vorgängen in der eigenen Seele aufschließt. Es ist ähnlich wie beim Fensterputzen, wenn man durch die sauberen Glasscheiben auf einmal die Außenwelt wieder ungetrübt und klar sehen kann. Um in den achtsamen Zustand zu kommen, müssen Sie sich selbst willentlich ergreifen. Häufig sind wir nicht präsent und wir fühlen uns vielleicht etwas dumpf und unkonzentriert. Unser Verhalten läuft dann eher automatisch und unbewusst ab. In solchen Zuständen essen wir möglicherweise zuviel, hetzen von einem Termin zum nächsten, schauen zu lange fern, kaufen zuviel ein, telefonieren zu lange, schlafen zuviel usw. Wir sind nicht ganz bei uns, wir sind nicht achtsam. Diese Liste von Beispielen ließe sich weiterführen, und ich denke, Sie können sich in einer oder mehreren der beschriebenen Situationen wiedererkennen.

Sie werden in dem Buch viele Beschreibungen, Fragen und Anregungen zur Selbstbeobachtung finden, die Ihre Fähigkeit zur Bewusstheit fördern. Das ist mir ein wesentliches Anliegen, denn erhöhte Bewusstheit regt uns an, im Augenblick zu leben und das Leben intensiver mit allen Sinnen zu erleben und zu ergreifen.

Mit sich selbst ins Gespräch kommen

In jedem Kapitel werden Sie durch unterschiedliche Fragen angeregt, in Ruhe über sich selbst nachzudenken. Ob es um den Zusammenhang zwischen Ihren Erlebnissen in der Kindheit und Ihrem heutigen Verhalten geht oder ob Sie sich mit Ihrem Verhalten in Entscheidungssituationen beschäftigen – die Intention dieser Fragen ist immer, innezuhalten und einen Raum zur Selbstreflexion zu schaffen. So können Sie verstehen lernen, warum Sie auf eine bestimmte Weise reagieren und handeln. Dadurch gewinnen Sie an Souveränität und Ihr Handlungsspielraum vergrößert sich. Das können inspirierende neue Erfahrungen sein. Wenn es gelingt, dass Sie regelmäßig mit sich selbst ins Gespräch kommen, haben Sie ein wesentliches Potenzial für sich selbst entdeckt. Selbstreflexionen sind wie ein geistig-seelisches Aufräumen. Danach fühlt man sich klarer und geordneter.

Die Signale des eigenen Körpers wahrnehmen lernen

Unser seelisches Erleben drückt sich in unserem Körper aus. Wenn Sie verliebt sind, spüren Sie ein aufregendes Kribbeln im Bauch. Wenn Sie Angst vor einer bedrohlichen Situation empfinden, werden Sie Ihren Herzschlag verstärkt wahrnehmen. Sind Sie entspannt, wird sich Ihr Körper angenehm warm anfühlen.

Unser Atem ist ein besonders sensibles Stimmungsbarometer. Ist der Atem stockend und oberflächlich, ist das ein Zeichen für Anspannung; ist er tiefer und fließend, sind wir entspannt. Bewegung, Beweglichkeit, Körperkraft und körperliche Ausdauer wiederum hängen stark mit Vitalität und Lebensfreude zusammen. Indem wir unseren Körper spüren und seine Signale für uns deuten können, bekommen wir Kontakt zu unseren Gefühlen. Das wiederum ermöglicht es uns, dass wir auch unsere Bedürfnisse deutlicher spüren und uns für ihre Befriedigung besser einsetzen können. Wenn wir im eigenen Körper heimisch werden, stärkt das unsere Selbstsicherheit und unser Selbstvertrauen.

Die Gefühle als Energiequelle nutzen

In den einzelnen Kapiteln werden Sie immer wieder Anregungen finden, sich zur Musik zu bewegen, zu tanzen, spielerisch Ihre Körperhaltung, Mimik und Gestik zu verändern, zu malen oder andere kreative Dinge zu tun, die Ihre Lebendigkeit fördern. Mit diesen Übungen möchte ich Ihr Gefühlsleben anregen, denn die Gefühle und die ihnen zugrunde liegenden Bedürfnisse sind unser energetischer Lebensmotor. Lebenslust und Lebensfreude sowie der Antrieb zum Handeln haben dort ihren Ursprung. Ich möchte Sie an dieser Stelle anregen, eine erste kleine Übung zu probieren:

Übung: Wie fühle ich mich jetzt?

Bitte schließen Sie für einen Moment die Augen, atmen Sie ein paar Mal tief durch und spüren Sie Ihren Körper und Ihre seelische Stimmung: »Wie fühle ich mich jetzt in meinem Körper?«

Wie ist es Ihnen gelungen, innerlich zur Ruhe zu kommen und Ihr momentanes Körpergefühl zu spüren? Haben die tiefen Atemzüge geholfen? Probieren Sie es doch gleich noch einmal aus: Einige tiefe Atemzüge … Wie fühle ich mich jetzt in meinem Körper?

Es kann sein, dass Sie bei dieser kleinen Übung nicht nur Ihre warmen Füße, sondern auch Ihre verspannten Schultern, einen Druck im Bauch usw. wahrgenommen haben. Und vielleicht haben Sie dabei auch bemerkt, ob Sie gerade freudig, traurig oder aufgeregt gestimmt sind, denn der Atem und die Körperspannung sind wie gestimmte Saiten, deren Klang die momentane Seelenstimmung ausdrückt. Ich möchte Sie mit dieser einfachen und doch so zentralen Frage: »Was fühlen Sie jetzt gerade in Ihrem Körper?« dazu anregen, mit Ihrem momentanen Erleben in Kontakt zu kommen, denn in diesem Erleben finden sich alle Potenziale, die in Ihnen verborgen sind. Ich möchte Sie dazu anregen, diese Besinnungsübung in Ihren Alltag zu integrieren.

Flexibel handeln im Alltag

Viele Menschen verhalten sich gemäß bestimmter Muster. Wie verhalten Sie sich, wenn Sie auf eine Party gehen, sich über Ihren Partner ärgern oder beim Essen sitzen? Machen Sie auch die Erfahrung, dass Ihr Verhalten in bestimmten Situationen quasi vorprogrammiert zu sein scheint? Gewohnte Verhaltensmuster geben Ihnen einerseits eine gewisse Sicherheit, andererseits würden Sie vielleicht manchmal auch gerne aus Ihrer Haut schlüpfen. Ich möchte Sie in diesem Buch dazu anregen, ungewohnte und anregende Verhaltensweisen auszuprobieren. Das erweitert das eigene »Rollenrepertoire« und es entsteht mehr Spielraum und Souveränität.

Ich empfehle Ihnen, das Buch in einer lockeren Haltung zu lesen. Halten Sie inne, wenn Sie sich angesprochen fühlen, und wenn es für Sie passt, probieren Sie eine Übung aus. Sie können die Lektüre bei jedem Kapitel beginnen, denn jedes Kapitel ist ein eigener und besonderer Zugang zu Ihren verborgenen Stärken. Viele Selbstreflexionen und Übungen sind so konzipiert, dass Sie sie während des Lesens ausführen können. Dazu ist es dann aber wichtig, dass Sie langsamer lesen und sich Zeit nehmen zum Nachsinnen und Nachspüren. Sie können sich aber auch ein Tagebuch anlegen und Ihre Erfahrungen und Einsichten aufschreiben. Sinnvoll und anregend ist es auch, wenn Sie sich mit einem vertrauten Menschen über Ihre Gedanken, Erfahrungen und Erlebnisse austauschen. Denn wenn man ausspricht, was einen bewegt und beschäftigt, kann man ein umfassenderes Verständnis und neue Klarheit über sich selbst gewinnen. Fragen und Rückmeldungen des anderen können die eigenen Einsichten vertiefen. Sollten Sie jedoch feststellen, dass das alles nicht ausreichend ist, scheuen Sie sich nicht, eine professionelle Beratung aufzusuchen oder Psychotherapie zu Hilfe zu nehmen. Wie auch immer Sie vorgehen: Ich wünsche Ihnen viel Entdeckerfreude!

2 Sie spielen die Hauptrolle

Unsere größte Angst ist nicht,
dass wir unfähig sind.
Unsere größte Angst ist die,
dass wir unvorstellbare Kraft in uns haben.
Es ist unser Licht, nicht unsere Dunkelheit,
das uns am meisten ängstigt.
Wir fragen uns, wer bin ich,
dass ich brillant, talentiert, großartig
und wunderbar sein könnte?

Aber wieso maßen wir uns an zu glauben,
wir wären es nicht?

Wenn du dich klein machst,
dienst du nicht der Welt,
es ist nichts Erleuchtendes daran,
sich klein zu machen, damit andere sich nicht unsicher in
deiner Nähe fühlen.
Wir wurden geboren,
um Gottes Glanz, der in uns ist, zu verkörpern.

Wenn wir unser eigenes Licht scheinen lassen,
dann geben wir anderen Menschen unbewusst
die Erlaubnis, das Gleiche zu tun.

Wenn wir uns von unserer Angst befreien,
dann wird unsere Gegenwart automatisch andere befreien.

Nelson Mandela

Erleben Sie auch manchmal Tage, an denen Sie sich so richtig gut fühlen? An diesen Tagen scheint alles wie am Schnürchen zu laufen. Sie sind mit sich selbst im Reinen, fühlen sich attraktiv, sympathisch und klug. An solchen Tagen reagieren auch die Menschen in Ihrer Umgebung positiv, der Busfahrer lächelt freundlich, der Chef spricht ein dickes Lob für das gut gelungene Projekt aus und der Partner beglückt einen ganz spontan mit einem Blumenstrauß. Bestimmt kennen Sie auch die Tage, an denen überhaupt nichts zu stimmen scheint. Ein müdes, blasses Gesicht schaut einen im Spiegel an, der Bauch ist viel zu dick, die Arbeit geht schwer von der Hand, ganz zu schweigen von der Beziehung, die schon seit geraumer Zeit vor sich hin zu dümpeln scheint. Der Rest der Welt scheint einen sowieso vergessen zu haben … Solange sich eine solche negative Stimmung auf einen oder mehrere Tage beschränkt, ist das vollkommen normal. Doch sobald sich solch eine Stimmung öfter zeigt und die Selbstzweifel immer mehr Raum gewinnen, könnte es sein, dass Sie Ihr Selbstvertrauen verloren haben und sich Ihr Selbstwertgefühl in einem Dauertief befindet.

Wie wertvoll Sie sich fühlen, wie sicher und vertrauensvoll Sie sich durch Ihr Leben bewegen, hängt eng mit Ihrem Selbstwertgefühl zusammen. Wer ein starkes Selbstwertgefühl besitzt, spielt in einer natürlichen Weise eine Hauptrolle auf der Bühne seines Lebens und lässt sein Licht scheinen, wie es Nelson Mandela in seinem Gedicht so wunderbar zum Ausdruck bringt. Das ist eine gute Basis, um mit den Herausforderungen des Lebens konstruktiv umzugehen. Sie übernehmen die Verantwortung für Ihr Leben. Ein stabiles Selbstwertgefühl macht es leichter, ein erfülltes und befriedigendes Leben zu führen.

Sich selbst wertvoll fühlen

Es gibt Menschen, die sich ohne Überheblichkeit selbstsicher und klar äußern können, die genau wissen, was sie wollen, und dies auch in die Tat umsetzen. Sie nehmen Herausforderungen an und können mit Misserfolgen umgehen. Sie können ihr Handeln selbstkritisch hinterfragen, und sie verfügen über eine realistische Selbsteinschätzung. Sie empfinden ein selbstverständliches Anrecht darauf, auf der Welt zu sein und von anderen Menschen als wertvoll und wichtig angesehen zu werden. Was ich soeben beschrieben habe, kann man auch als psychische Stabilität bezeichnen, als eine innere Kraftquelle, die laufend Energie spendet. Sie strahlt Vertrauen aus – Vertrauen in sich selbst und in das Gute in der Welt. Eine solche innere Basis hat eigentlich jeder Mensch. Doch manchmal wurde sie im Laufe des Lebens, meist in der frühen Kindheit, mehr oder weniger zugeschüttet und muss durch Arbeit an sich selbst erst einmal freigeschaufelt werden. Dazu möchte ich Ihnen in diesem Kapitel einige Anregungen geben. In einer ersten Übung möchte ich Sie dazu einladen, dass Sie sich selbst spüren und sich Ihrer inneren Stärke bewusst werden.

Übung: Ich spüre meine Kraft

> Atmen Sie ein paar Mal tief ein und aus und spüren Sie dabei die Bewegung Ihres Atems in Ihrer Nase, in der Brust und im Bauch. Bleiben Sie eine Weile beim Spüren des Atems.

> Nehmen Sie dann auch wahr, wie Ihre Füße auf dem Boden stehen und wie Ihr Gesäß die Unterlage berührt, auf der Sie sitzen. Spüren Sie, wie die Erde Sie trägt.

> Spüren Sie, wie das Leben in Ihnen pulsiert. Spüren Sie die Kraft in Ihren Gliedern und in Ihrem Bauch.

> Sie können dieses Spüren auch mit dem Satz begleiten: Ich spüre Kraft in mir!

Diese unscheinbare Übung ist eigentlich gar keine Übung, denn Menschen, die sich ihrer Kraft und ihres inneren Wertes bewusst sind, spüren dies in der beschriebenen Weise. Aber wenn Sie sich im Laufe des Tages niedergeschlagen fühlen oder Unsicherheit erleben, dann kann diese Übung Sie in Verbindung mit Ihren inneren Kraftquellen bringen. Vielleicht kennen Sie auch Zeiten oder Situationen in Ihrem Leben, in denen Sie sich wie entwurzelt und unsicher gefühlt haben. Sie haben sich nicht getraut, sich für Ihre Belange einzusetzen, haben sich an andere angepasst und wollten es allen immer recht machen. Und Sie dachten: Meine eigenen Wünsche und Bedürfnisse sind doch nicht so wichtig! Mit diesem Unsicherheits- und Minderwertigkeitsgefühl ist eine Grundüberzeugung verbunden: Ich bin nicht so wichtig. Ich bin nicht wertvoll. Bei vielen Menschen bildet diese Überzeugung die Grundlage ihres Seelenlebens. Weil aber das Gefühl der Unsicherheit sehr unangenehm und schmerzhaft ist, gibt es verschiedene Formen, damit umzugehen. Manche Menschen haben kaum Verhaltensweisen erlernt, mit denen sie ihre Unsicherheiten überspielen können. Im gesellschaftlichen Leben sind sie deshalb oft benachteiligt. Andere Menschen überspielen ihre Selbstunsicherheit durch betont schicke oder auffällige Kleidung, flotte Autos oder eine extravertierte Körpersprache. Sie kompensieren durch bravouröse Leistungen, perfektes Aussehen, angepasste Freundlichkeit oder eine betont coole Haltung ihre Unsicherheit. Ich möchte Sie zu einer weiteren Selbstbesinnung einladen:

Mein Umgang mit unsicheren Situationen
Was tun Sie in Situationen, in denen Sie sich niedergedrückt, zermürbt oder sonst in irgendeiner Weise verunsichert fühlen?

> Haben Sie konstruktive Wege, um sich aus einem solchen seelischen Loch wieder herauszuholen?

> Helfen Ihnen Ablenkungen, um ein solches »Down« zu überstehen? Welche Ablenkungen sind die Mittel Ihrer Wahl?
> Wenden Sie immer dieselben Mittel, wie z.B. Alkohol, Zigaretten, Essen … an?
> Stellen Sie sich auch manchmal der Situation, indem Sie wahrnehmen, wie es Ihnen geht und dann über die Ursachen nachdenken?

Möglicherweise haben Sie gar nicht den Eindruck, dass Sie sich in manchen Situationen unsicher fühlen. Das kann damit zusammenhängen, dass Sie tatsächlich ein stabiles Selbstwertgefühl besitzen oder aber auch damit, dass Sie gewissermaßen ständig »unter Strom stehen« und sich durch Arbeit und Ablenkungen davor schützen, die Gefühle der Verunsicherung zu spüren. Dass Gefühle der Selbstunsicherheit nicht nur in extremen Situationen auftreten, sondern auch im Alltag, zeigen die beiden nachfolgenden Situationen:

Stellen Sie sich vor, Sie sitzen in einem sehr guten Restaurant und haben ein Essen bestellt. Nach langer Wartezeit kommt endlich der Kellner und serviert Ihnen ein lauwarmes Gericht. Wenn Sie selbstsicher sind, werden Sie den Kellner freundlich, aber bestimmt bitten, das Gericht noch einmal warm auf den Tisch zu bringen. Wenn nicht, werden Sie vermutlich verunsichert die abgekühlte Speise annehmen, aber nicht wirklich zufrieden sein.

Ein weiteres Beispiel: An Ihrem Arbeitsplatz werden Umstrukturierungen vorgenommen und Sie haben die Chance, sich für eine anspruchsvollere Position zu bewerben. Haben Sie genügend Selbstvertrauen und sind Sie sich Ihrer beruflichen und persönlichen Stärken bewusst, werden Sie diese Chance mutig ergreifen. Wenn nicht, werden Sie sich zurückziehen und erst einmal abwarten.

Selbstwert im Umgang mit anderen

Ein Mensch mit einem stabilen Selbstwertgefühl spürt, was er will. Er hat zu seinen Gefühlen und Bedürfnissen einen sicheren Zugang und ist in der Lage, eine eindeutige Meinung zu vertreten, kann aber auch seinen Standpunkt ändern, wenn er einsieht, dass er nicht richtig ist: Seine Selbstsicherheit erlaubt ihm, flexibel zu reagieren. In der Regel wird dadurch die zwischenmenschliche Kommunikation sehr erleichtert und entspannt. Jemand, der sich seiner selbst sicher ist, erlebt Konfliktsituationen nicht so schnell als Bedrohung.

Martin ist Sozialarbeiter und Leiter eines Teams. Ich hatte die Aufgabe, sein Team zu supervidieren. In diesem Team waren einige Mitarbeiter, die äußerst emotional reagierten. Es gab viele Konflikte, bei denen es heiß herging. Martin ließ sich davon aber nicht irritieren. Er blieb immer ruhig und besonnen und konnte trotzdem mitteilen, wenn er mit etwas nicht einverstanden war oder wenn ihm etwas eindeutig missfiel. Wenn die Wogen in seinem Team auch noch so hoch schäumten: Er behielt den Überblick und wurde nie verletzend, obwohl er klar sagte, was er dachte und fühlte. Wurde er beleidigt oder angegriffen, war er in der Lage, seine Empfindungen der angreifenden Person mitzuteilen und sich zugleich für eine konstruktive Lösung einzusetzen.

Wer sicher in sich selbst ruht, erlebt Meinungsverschiedenheiten mit anderen Menschen nicht als ein Angriff auf die eigene Person. Selbstunsichere Menschen dagegen empfinden Konfliktsituationen häufig als bedrohlich. Die unterschiedliche

Meinung anderer wird schnell als persönlicher Angriff, als Anschlag auf den eigenen Selbstwert verstanden. Das führt entweder zu heftigen Streitgesprächen, in deren Verlauf es auch zu persönlichen Verletzungen und Kränkungen kommen kann. Oder es findet kein offen ausgetragener Konflikt statt, da sich die unsichere Person aus Angst vor Verletzungen zurückzieht. Sie schluckt Ärger und Traurigkeit herunter und plagt sich mit Selbstvorwürfen. Auf diese Weise richtet sie ihren Ärger gegen sich selbst, anstatt die Verantwortung für ihre Gefühle und Bedürfnisse zu übernehmen und anzusprechen, was ihr Schwierigkeiten bereitet.

Auch Paarbeziehungen tut es gut, wenn die Partner über ein solides Selbstwertgefühl verfügen und zu sich stehen können. Gerade in Krisenzeiten ist es von Belang, über welche Fähigkeiten zur Kommunikation die Partner verfügen.

Monika und Peter sind seit ein paar Jahren verheiratet. Monika hat vor einiger Zeit eine neue Stelle in einem Verlag angenommen, der sich damals im Aufbau befand. Monatelang kam sie abends sehr spät von der Arbeit nach Hause. Auch an den Wochenenden saß sie an ihrem Schreibtisch. Peter reagierte zuerst sehr verständnisvoll. Doch je länger dieser Zustand dauerte, desto gereizter reagierte er auf Monika. Der unausgesprochene Konflikt spitzte sich so weit zu, dass das Paar auf Anraten eines gemeinsamen Freundes zu mir in die Praxis kam. Peter war im tiefsten Inneren ein unsicherer Mensch und er war es nicht gewohnt, sich für seine Wünsche und Bedürfnisse einzusetzen und fürchtete, dass sich Monika gekränkt und wütend von ihm abwenden würde, wenn er sie darum bitten würde, die Arbeit etwas zurückzustellen, um wieder mehr Zeit für die Beziehung zu haben. Monika hingegen war mit ihrer Arbeitssituation vollkommen überfordert. Sie fühlte sich ebenso unsicher, mit

Peter offen über ihre Not zu sprechen. Sie erlebte sich als Versagerin, die der Arbeit nicht gewachsen war und die Beziehung deswegen schändlich vernachlässigte. Beide konnten aufgrund fehlender Selbstsicherheit nicht offen über ihre Not reden und gemeinsam nach Lösungen suchen.

In der Paarberatung lernten sie die Situation des anderen verstehen und sich ihre Gefühle und Bedürfnisse gegenseitig mitzuteilen. Einerseits ging es darum, dass jeder erst einmal sich selbst wahrnahm und sich für sich selbst einsetzte, andererseits ging es aber auch darum, sich in den anderen einzufühlen und Verständnis für dessen Nöte und Sorgen zu entwickeln. Auf dieser Basis konnten Monika und Peter konstruktive Lösungen finden, die für beide akzeptabel waren. Beide hatten eine Ermutigung gebraucht, offen miteinander zu sprechen. Im Prozess der Beratung lernten sie auch, sich selbst zu ermutigen und deutlicher für die eigenen Anliegen einzutreten.

Partner, die ein gesundes Selbstwertgefühl haben, können Liebe geben und annehmen. Sie haben ein gutes Gespür dafür, wie viel körperliche und emotionale Nähe ihnen guttut und wann sie wieder Abstand benötigen, um sich auf sich selbst besinnen zu können. Sie können sich in der Sexualität ihrem Partner gegenüber öffnen und die Intimität genießen. Es kann ein nahes, intimes und intensives Miteinander stattfinden, ein emotionales und körperliches Verschmelzen, aber es ist ebenso gewünscht und gewollt, wieder für sich alleine zu sein, sich abzugrenzen und persönlichen Aktivitäten nachzugehen, die mit dem anderen nichts zu tun haben müssen.

Das ist ein ganz entscheidender Punkt in einer Paarbeziehung: Wie viel Nähe und wie viel Distanz braucht jemand, wenn er in einer Beziehung lebt? Befinden sich diese beiden Pole in einer relativ ausgewogenen Balance? Oder wünscht sich der eine Partner wesentlich mehr Nähe und der andere mehr Distanz? Dann gibt es in der Beziehung einen Konflikt und die Frage ist, wie das Paar mit diesem Konflikt umgehen kann. Ist einer der beiden Partner unsicher, wird er sich für sein Bedürfnis nach mehr Nähe nicht selbstbewusst einsetzen können. Vielleicht hat er Schuldgefühle oder das Empfinden, dass mit ihm etwas nicht in Ordnung ist. Er zieht sich zurück und reagiert frustriert und bedrückt. Es ist sehr wichtig, dass Paare über konstruktive Kommunikationsfähigkeiten verfügen, um sich selbst und die Beziehung immer wieder ins rechte Lot zu rücken.

Wie setze ich mich in Beziehungen für meine Bedürfnisse ein?

Wie geht es Ihnen im Kontakt zu Ihrem Partner, Ihrer Partnerin oder anderen engen Bezugspersonen?

> Sind Sie eher ein Nähe- oder ein Distanztyp?
> Können Sie sich konstruktiv für Ihre Bedürfnisse einsetzen?
> Wenn etwas nicht nach Ihrem Sinn geht – wie reagieren Sie?
> Was würden Sie gerne an Ihrem Verhalten verändern?

Selbstwert beim Entscheiden und Handeln

Jeder von uns ist ständig mit Situationen konfrontiert, die Entscheidungen erfordern. Das betrifft nicht nur kleine, alltägliche Dinge wie den Einkauf im Supermarkt, sondern auch wesentlich wichtigere Weichenstellungen, die gravierende Folgen für das ganze Leben haben können: einen Jobwechsel, einen Umzug, einen Hauskauf, eine Heirat oder die Gründung einer Familie. Damit es gelingt, eine gute Entscheidung zu treffen, muss man wissen, was man will. Und man muss sich selbst vertrauen und zu getroffenen Entscheidungen auch stehen. Selbst wenn sie sich hinterher als nicht richtig herausstellen, ist es wichtig, zu sich zu stehen. Das heißt nicht, dass man eine Entscheidung nicht bereuen könnte oder zu einem späteren Zeitpunkt feststellen muss, dass sie nicht optimal war. Wichtig ist nur, damit bewusst umzugehen: »Beim nächsten Mal passe ich besser auf!«

Marta, 36 Jahre alt, hatte sich entschieden, das Abitur in der Abendschule nachzumachen. Die Entscheidung war wohlüberlegt gefallen, Marta hatte das Für und Wider gut abgewogen. Es war offensichtlich, dass es für sie ein großer Gewinn war, das Abitur nachzuholen. Allerdings war das Lernen für sie sehr anstrengend, da sie ganztags arbeitete und ihre kleine Tochter allein versorgen musste. Das alles bedeutete offensichtlich eine Überlastung für sie. Sie reagierte auf den Stress mit Erschöpfung und Schlafstörungen und war nahe daran, ihren Entschluss, das Abitur in der Abendschule nachzuholen, rückgängig zu machen. Die damit verbundenen beruflichen Veränderungschancen wollte sie aufgeben. In den Therapiestunden arbeitete Marta zwar daran, praktische Wege zu finden, um das angestrebte Ziel trotz aller Widrigkeiten zu erreichen. Auf der seelischen Ebene war es aber notwendig, ihr Selbstvertrauen zu stärken, damit sie das, was sie sich vorgenommen hatte, schaffen konnte. Denn Marta wurde immer wieder mit ihrer Selbstunsicherheit konfrontiert, die sich in Selbstzweifeln und Selbstkritik äußerten. Ihre Wankelmütigkeit und ihr mangelndes Selbstvertrauen hingen mit Botschaften zusammen, die sie von ihren Eltern in ihrer Kindheit erhalten hatte. Sie war in der Schule keine gute Schülerin gewesen und wenn sie sich auf Klassenarbeiten vorbereitete, meinten ihre Eltern: »Streng dich doch nicht so an! Du hast doch ein so schwaches Nervenkostüm!« Du musst das nicht schaffen! Übernimm dich nicht! Das schaffst du sowieso nicht! Die Botschaften ihrer Eltern, die Marta als ihre eigenen in ihr Leben übernommen hatte, hinderten sie daran, sich selbst zu vertrauen. Diese Zusammenhänge wurden ihr in der Therapie bewusst und sie lernte, sich von diesen negativen Botschaften zu distanzieren. Marta hat durchgehalten, das Abitur geschafft und später einen interessanten und guten Job bekommen. Für sie war wichtig, eine Erfahrung machen zu können, die sie aus ihrer Kindheit nicht kannte: dass jemand fest an ihre Stärke glaubte und ihr zutraute, dass sie ihr Abitur schaffen würde, trotz aller Schwierigkeiten. Auf diese Weise lernte Marta auch wieder, an sich selbst zu glauben und den eigenen Fähigkeiten zu vertrauen.

Wie entwickeln sich Selbstvertrauen und das Selbstwertgefühl?

Sie werden sich vielleicht fragen, warum manche Menschen Selbstvertrauen besitzen und in einer natürlichen Weise von ihrem Wert überzeugt sind und andere nicht. In meiner psychotherapeutischen Arbeit ist es immer wieder ein berührender Moment, wenn die Menschen, mit denen ich arbeite, erkennen, wie die Fundamente für ihre seelische Stabilität oder auch Instabilität in der Kindheit gelegt werden. Die Interaktion zwischen Mutter und Kind hat dabei eine besondere Bedeutung.

Als Kind akzeptiert und bestätigt werden

Ein Kind kommt mit seinen individuelle Veranlagungen und Eigenschaften auf die Welt und reagiert damit auf seine Umwelt. In der Regel ist die Mutter in den ersten Monaten und Lebensjahren die wichtigste Bezugsperson. Wenn die Mutter ihren Säugling liebevoll versorgt und ihm das Gefühl vermittelt, erwünscht und geliebt zu sein, kann er das Grundgefühl entwickeln: Ich bin liebenswert! Für das kleine Kind ist es wunderbar, wenn es die Liebe und Bewunderung seiner Eltern wahrnimmt. Der Hautkontakt hat dabei eine große Bedeutung, weil das Kind dabei unmittelbar die Liebe der Mutter und das Angenommensein spürt. Erfolgt der Körperkontakt achtsam, liebevoll und die Grenzen respektierend, dann wirkt sich das bestätigend auf das Selbstbewusstsein aus; ist er lieblos, grob oder sexuell stimulierend, hat das verunsichernde Auswirkungen auf das Selbstbewusstsein.

Wenn das Kind größer wird und von den Eltern zur Reinlichkeit oder zum guten Benehmen beim Essen erzogen wird, ist es von entscheidender Bedeutung, ob die grundlegende Akzeptanz dem Kind gegenüber erhalten bleibt: »Du bist gut so, wie du bist!« Botschaften wie etwa »Du hast dich schon wieder verhalten wie ein Ferkel!« können bei einem Kind das Gefühl erzeugen: Ich bin nicht gut so, wie ich bin! Ich bin nicht richtig! Viele einzelne Erlebnisse in den ersten drei Lebensjahren und vor allem auch die Stimmung und Haltung der Eltern dem Kind gegenüber bewirken in der kindlichen Seele Grundüberzeugungen und ein grundlegendes Gefühl vom eigenen Wert. Je mehr das Kind erfahren hat, dass es geliebt und bestätigt wird, so wie es ist, desto mehr kann in ihm eine eigene Kraft, Selbstsicherheit und die Überzeugung »Ich bin wertvoll!« wachsen. Und je mehr sich das Kind abgelehnt und nicht akzeptiert fühlt, desto stärker bildet sich im Inneren die Überzeugung: »Ich bin nicht wertvoll und nicht wichtig!«

Als Erwachsene sind uns diese grundlegenden Sicherheits- bzw. Unsicherheitsgefühle und die damit zusammenhängenden Überzeugungen nicht bewusst. Daher ist es nicht einfach, das Selbstwertgefühl zu stärken und Selbstsicherheit zu entwickeln. Ich möchte Sie mit den nachfolgenden Selbstreflexionen einladen, Ihre eigenen Selbstwert-Prägungen zu erforschen.

Wie wurde ich als Kind akzeptiert und bestätigt?

Erinnern Sie sich an Ihre Kindheit und an die Art und Weise, wie Ihre Eltern mit Ihnen umgegangen sind:

> Fallen Ihnen Situationen ein, in denen Sie sich geliebt gefühlt haben?
> Kommen Ihnen Erinnerungen, in denen Ihre Eltern Ihnen gezeigt haben: So wie du bist, bist du gut!
> Gab es Tanten oder Onkel, Lehrer, Pfarrer oder andere Menschen, die Ihnen positive Rückmeldungen gaben?
> Wie haben Ihre Eltern als Vorbilder für Sie Selbstvertrauen und Selbstbewusstsein ausgestrahlt?

Wie habe ich als Kind Ablehnung erlebt?

Erinnern Sie sich an Ihre Kindheit und an die Art und Weise, wie Sie von Ihren Eltern Ablehnung erfahren haben:

> Wie haben sich Ihre Eltern verhalten, wenn sie mit Ihrem kindlichen Handeln nicht einverstanden waren?
> Wie haben Ihre Eltern geschimpft oder gestraft?
> Wie haben Sie sich in diesen Situationen gefühlt?

Wie gehe ich heute mit mir selbst um?

Schauen Sie bitte auf konkrete Situationen, in denen Sie ihr eigenes Handeln beurteilen:

> Wie sehr können Sie mit sich selbst zufrieden sein und sagen: Das hast du gut gemacht!
> Wie sehr gehen Sie mit sich selbst ins Gericht und verurteilen sich dabei selbst: Du kannst das einfach nicht!
> Wie erleben Sie bei sich die Balance zwischen Selbstakzeptanz und Selbstkritik?

Mir ist es wichtig, Ihnen zu vermitteln, dass Sie zwar in Ihrer Kindheit Prägungen erfahren haben, die tief sitzen, dass Sie aber in jedem Moment die Möglichkeit haben, diese Prägungen wahrzunehmen und sich dann anders zu verhalten. Auch wenn Sie nicht die Liebe und Akzeptanz erfahren haben, die Sie gebraucht hätten, können Sie heute freundlich und annehmend auf Ihr Leben schauen und Ihren Wert spüren.

Selbstvertrauen entwickeln

Selbstvertrauen ist nicht dasselbe wie das Erleben von Selbstwert, wobei es natürlich schwer ist, Selbstvertrauen zu entwickeln, wenn das Selbstwertgefühl niedrig ist. Selbstvertrauen bildet sich in der Auseinandersetzung mit der Welt. Kleine Kinder können Selbstvertrauen entwickeln, wenn sie von den Erziehungspersonen in einer hilfreichen Weise dabei unterstützt werden, die Welt zu erkunden und dabei ihre ersten Abenteuer zu erleben. Wenn ein Kind in seinen ersten Lebensmonaten eine innige, sichere und ungestörte Beziehung mit seiner Mutter erleben durfte, dann kann es sich sicher fühlen. Nach der ersten engen, symbiotischen Verbindung mit der Mutter beginnt der Säugling, sich von der Mutter immer wieder wegzubewegen. Erst beginnt er zu krabbeln, dann folgen die ersten Gehversuche und die Hinwendung zu anderen Menschen und Dingen, die das Kleinkind umgeben. Es beginnt peu à peu mit der Eroberung seiner Welt. In dieser Phase spielt es eine nicht zu unterschätzende Bedeutung, dass das Kind die Erfahrung machen kann: Ich darf in Ruhe allein spielen und auf Entdeckungsreisen gehen. Aber ich kann jederzeit zur Mutter zurückkehren und sie ist dann auch für mich da, freut sich auf mich und ist interessiert an dem, was ich ihr mitbringe. In dieser Zeit wird das Fundament für das Selbstvertrauen geschaffen. Darauf aufbauend traut sich das Kind mehr oder weniger zu.

Im Spiel erforscht das Kind die Welt und erprobt dabei die eigenen Kräfte. Körperliche Erfahrungen spielen dabei eine besondere Rolle. Wer als Kind die Möglichkeiten hatte, durch Pfützen zu springen, auf Baumstämmen zu balancieren, auf Bäume zu klettern, Wanderungen zu machen, Sport zu treiben und in Mannschaftsspielen mitzuspielen, konnte die Erfahrung machen, wie es sich anfühlt, wenn man sich auf seinen Körper verlassen kann. Es ist für Kinder wichtig, die eigene körperliche Kraft und Stärke erproben zu können. Solche Erlebnisse vermitteln Selbstsicherheit und haben einen positiven Einfluss auf die Beziehung zum eigenen Körper. Wenn aber überfürsorgliche und ängstliche Eltern ihr Kind davon abhalten, solche elementaren Erfahrungen zu machen, ist das Risiko groß, dass es sich in seinem Körpererleben unsicher fühlt. Sitzen Kinder vorwiegend vor dem Fernseher oder Computer, bleiben ihnen diese positiven, stärkenden Erfahrungen weitgehend versagt.

Wie ist es Ihnen in Ihrer Kindheit ergangen? Wenn Sie z.B. negative Erfahrungen gemacht haben, weil Sie vielleicht im Sportunterricht Angst hatten, über den Kasten zu springen oder von den Kameraden gehänselt wurden, weil Sie nicht mutig oder schnell genug waren, dann leiden Sie unter Umständen bis heute darunter und die Frage ist, was Sie im Laufe Ihres Lebens gemacht haben, um diese negativen Erfahrungen auszugleichen. In der nachfolgenden Selbstreflexion möchte ich Sie dazu anregen, Ihrer Geschichte im Umgang mit unsicheren Situationen und Ihrem Bedürfnis nach Sicherheit nachzuspüren.

Wie viel Sicherheit brauche ich?
> Wie sehr haben Sie sich als Kind getraut, Neues und Unbekanntes anzugehen?
> Fallen Ihnen besonders prägende Ereignisse ein, in denen Sie Erfahrungen mit Unsicherheit oder Sicherheit gemacht haben?

> Wie wichtig sind Ihnen abenteuerliche Unternehmungen jeglicher Art?
> Wie sehr sind Sie bestrebt, »auf Nummer sicher« zu gehen?
> Wie selbstsicher fühlen Sie sich?

Wie können Sie Ihr Selbstvertrauen stärken?

Ich möchte Ihnen gerne einige Möglichkeiten vorstellen, wie Sie Ihr Selbstvertrauen stärken und Ihr Selbstwertgefühl verbessern können.

Wertschätzend auf sich selbst schauen

Es ist wichtig, dass man sich selbst und seine Fähigkeiten realistisch einschätzen lernt und fähig wird, sich anzunehmen, so wie man ist und sich selbst liebevoll und mit einem positiven Blick zu betrachten. Das ist besonders in Zeiten, in denen man sich frustriert und energielos fühlt, eine große Hilfe. Allerdings ist es einfacher gesagt als getan. Die nachfolgend beschriebene Übung kann Ihnen helfen, einen positiven Blick auf sich selbst zu entwickeln.

Übung: Positiver Tagesrückblick
Machen Sie abends, bevor Sie schlafen gehen, entweder nur in Gedanken oder auch in Ihrem Tagebuch einen Tagesrückblick.
> Schauen Sie dabei ausschließlich auf die Dinge, die positiv waren und auf das, was Ihnen gut gelungen ist.
> Gehen Sie systematisch den Tag durch: vom morgendlichen Aufstehen bis zu dem Zeitpunkt, wo Sie schlafen gehen wollen.

Auf diese Weise schulen Sie Ihre Bewusstheit für das Gute und Schöne, das Ihnen täglich widerfährt. Mit der Zeit nehmen Sie die positiven kleinen und größeren Dinge in Ihrem Leben selbstverständlicher wahr. Dieser positive Blick stärkt Ihr Selbstwertgefühl und bringt mehr Freude in Ihr Leben.

Wertschätzung von anderen bekommen

In der Kindheit entwickelt sich unser Selbstwertgefühl durch das Verhalten unserer Bezugspersonen. Auch als Erwachsene sind wir darauf angewiesen, dass uns andere Menschen zeigen: Du bist wichtig und wertvoll! Ich möchte Sie mit der nachfolgenden Selbstreflexion dazu anregen, sich aktiv um positive Rückmeldungen von anderen zu bemühen, denn es ist wichtig zu hören, welche Stärken andere Menschen in einem sehen. Oft ist man überrascht, weil man sich dieser Potenziale nicht bewusst war.

Welche Stärken und Fähigkeiten sehen andere in mir?

> Wenn Sie bei der Arbeit etwas erledigt haben und von Ihrem Chef oder Ihren Kollegen keine Rückmeldung erhalten, dann fragen Sie doch einfach mal nach: War das okay so?
Sind Sie zufrieden? Gefällt es Ihnen?
> In Arbeits- oder Freundschaftsbeziehungen oder auch in Partnerschaften können Sie die andere Person einfach mal fragen: Welche Eigenschaften und Fähigkeiten schätzt du an mir?

Nach solchen Rückmeldungen ist es wichtig, sich etwas Zeit zu nehmen, um die eigene innere Reaktion darauf bewusst wahrzunehmen. Können Sie positive Rückmeldungen annehmen? Wie verdauen Sie kritische Feedbacks?

Körperhaltung als Basis des Selbstvertrauens

In Ihrer Körperhaltung und Ihrem körperlichen Befinden drückt sich aus, wie Sie sich fühlen. Wenn Sie z. B. aufrecht stehen, dann haben Sie ein anders Selbstbewusstsein, als wenn Sie mit eingefallenem Brustkorb dastehen. Wenn Sie mögen, können Sie das jetzt sofort ausprobieren.

Übung: Aufrecht sitzen
Sie können diese Übung mit dem Buch in der Hand ausprobieren. Setzen Sie sich ganz aufrecht. Stellen Sie sich vor, Sie würden auf Ihrem Kopf eine Krone tragen. Und nun fallen Sie in sich zusammen, lassen Ihren Rücken rund werden und Ihren Kopf hängen. Wechseln Sie ein paar Mal zwischen dem aufrechten Sitzen und dem eingefallenen Sitzen hin und her. Beenden Sie die Übung damit, dass Sie aufrecht sitzen, Ihre »Krone« spüren und sich wie eine Königin oder ein König fühlen.

Welche Erfahrungen haben Sie gemacht? Konnten Sie wahrnehmen, wie sich Ihre aufrechte Körperhaltung auf Ihre Stimmung und Ihren Atem auswirkt? Wie ist es für Sie, sich als Königin oder König zu fühlen?

In unserer körperlichen Haltung manifestiert sich sowohl unser Selbstwerterleben als auch der Grad unserer Selbstsicherheit. Auf der anderen Seite ist aber der Körperausdruck auch eine gute Möglichkeit, sich den eigenen Wert bewusst zu machen und die eigene Selbstsicherheit zu stärken, denn alles, was Sie über Ihren Körper bewusst ausdrücken, hat eine tiefgreifende Wirkung auf Ihr Selbsterleben. Wenn Sie im Stehen oder Sitzen immer mal wieder auf Ihre Haltung achten und sich bewusst körperlich aufrichten, richten Sie damit auch Ihren Selbstwert auf. Ihr Körper und Ihre Psyche werden sich mit der Zeit automatisch an Ihren »Input« erinnern, und Sie nehmen wahr, wie

Sie sich selbst aufbauen und stärken. Sie werden im wahrsten Sinn des Wortes sicherer dastehen. Hilfreich ist es, den eigenen Energiefluss und die körperliche Selbstunterstützung bewusst anzuregen. Dazu dient die nächste Übung:

Übung: Selbstaktivierung durch körperliche Bewegung
> Stellen Sie Ihre Füße hüftbreit und winkeln Sie Ihre Arme seitwärts am Körper an.
> Beginnen Sie auf der Stelle zu laufen, ziehen Sie dabei die Knie weit nach oben und stellen Sie die Füße kräftig auf den Boden.
> Laufen Sie so lange, bis Sie Ihren Atem deutlich spüren.
> Legen Sie eine kurze Verschnaufpause ein.
> Beginnen Sie nun zu hüpfen.
> Machen Sie dies so lange, bis Sie außer Atem sind.
> Bleiben Sie dann ruhig stehen und nehmen Sie bewusst Ihre Körperempfindungen und Ihre Atmung wahr.
> Räkeln Sie sich nun ausgiebig und strecken Sie dabei Ihre Arme in die Höhe, als wenn Sie die Zimmerdecke erreichen wollten.
> Bleiben Sie wieder ruhig stehen und spüren Sie Ihren Körper und auch Ihre seelische Stimmung.

Diese Übung ist überall leicht auszuführen. Sie ist aktivierend und gleichzeitig hilft Sie Ihnen dabei, Ihre eigene Kraft zu spüren. Wenn Sie sie öfter durchführen, dann können Sie sich auch in Alltagssituationen daran erinnern, wie es sich anfühlt, wenn Sie von Energie durchströmt werden. Ich möchte Sie noch zu einer anderen Übung anregen, die Ihnen helfen kann, Ihr Körpergefühl zu erweitern. Unsicherheit und ein schwaches Selbstwerterleben drücken sich direkt darin aus, wie jemand körperlich Raum einnehmend ist. Wenn Sie damit spielerisch experimentieren, dann werden Sie auch in Ihrem Inneren dazu angeregt, in Situationen präsenter zu sein und den Raum einzunehmen, der Ihnen zusteht.

Übung: Groß und Klein
> Legen Sie sich Musik auf und bewegen Sie sich dazu. Spüren Sie Ihre momentane Stimmung.
> Versuchen Sie dann, sich ganz groß zu fühlen. Breiten Sie sich dazu mit Ihren Armen und Schritten im Raum aus. Nehmen Sie sich so viel Raum, wie es Ihnen möglich ist. Wenn Sie mögen, machen Sie auch Drehungen und Sprünge, bei denen Sie wiederum Ihre Arme weit ausbreiten.
> Werden Sie dann langsam immer kleiner, indem Sie Ihre Bewegungen und Ihre Ausstrahlung zurücknehmen, bis Sie sich in der Hocke bewegen. Verbergen Sie Ihren Kopf unter Ihren Armen. Spüren Sie, wie es sich anfühlt, ganz klein zu sein.
> Wenn Sie sich bereit fühlen, werden Sie allmählich wieder größer, entfalten Sie sich wie eine Blüte, die ihre Blätter dem Sonnenlicht entgegenstreckt.
> Finden Sie dann die Größe, die Ihrer momentanen Stimmung entspricht, Ihren persönlichen Wohlfühlraum.

Sie kennen sicher Menschen, die eine gute Ausstrahlung haben. Was strahlt denn da eigentlich aus? Und: Was strahlen Sie aus? Ich möchte Sie zu einem Experiment einladen, das von dem eingangs dieses Kapitels zitierten Gedicht von Nelson Mandela inspiriert ist und in dem es darum geht, seine Kraft zu spüren und »sein Licht scheinen zu lassen«.

Übung: Ich lasse mein Licht scheinen!
Das Experiment hat zwei Teile, eine Vorbereitung und die eigentliche Durchführung. Zuerst die Vorbereitung, die Sie für sich alleine machen sollten:

> Spüren Sie die Kraft in Ihren Füßen und Beinen, indem Sie ein paar Mal kräftig aufstampfen. Spüren Sie Ihre Aufrichtung und den Raum um sich herum, auch den Raum über Ihrem Kopf. Spüren Sie die Kraft in Ihrem ganzen Körper.

> Atmen Sie tief und denken Sie dabei den Satz: Ich bin einzigartig und wertvoll! Versuchen Sie, Ihre Einmaligkeit und Ihren inneren Wert zu erleben.

> Gehen Sie durch den Raum und schauen Sie dabei um sich mit dem Ausdruck: Ich zeige mich! Ich zeige, wer ich bin! Zeigen Sie Ihre Kraft, Ihre Fähigkeiten, ihre Stärken und Ihren inneren Wert. Lassen Sie Ihr Licht scheinen!

Wie geht es Ihnen mit dieser vorbereitenden Übung? Gelingt es Ihnen, Ihre Ausstrahlung bewusst zu aktivieren? Wenn Sie diese Übung öfter für sich ausgeführt haben, dann können Sie sich beim Einkaufen, bei der morgendlichen Begrüßung der Kollegen im Büro oder bei der Begrüßung Ihres Partners oder Ihrer Freunde an diese Erfahrungen erinnern. Ich möchte Sie dazu anregen, diese innere Einstellung »Ich lasse mein Licht scheinen!« für eine kurze Zeit einzunehmen und zu beobachten, wie sich das im Umgang mit anderen Menschen anfühlt. Sie müssen dazu nichts Besonderes sagen. Sie tun das nur für sich:

> Gehen Sie aufrecht und spüren Sie die Sicherheit, die Ihnen der Boden unter Ihren Füßen gibt.

> Spüren Sie den Raum um sich und nehmen Sie in Ihrem Auftreten auch den Raum ein, der Ihnen zusteht.

> Spüren Sie im Kontakt mit anderen Menschen Ihre innere Stärke und Ihren inneren Wert.

> Seien Sie in Ihrem Blick präsent.

Machen Sie sich bewusst, was durch dieses kurze Experiment anders ist als sonst. Und nehmen Sie sich Zeit, die erlebte

Situation zu reflektieren. Wie haben Sie sich dabei gefühlt? Was haben Sie gedacht? Hat es Ihnen Spaß gemacht?

Sollten Sie bei diesem Experiment negative Erfahrungen gemacht haben, fragen Sie sich, welche Gründe dafür in Frage kommen. Hatten Sie das Gefühl, dass es albern war oder unecht? Es geht nicht darum, dass Sie sich oder anderen etwas vormachen. Sie sollen nur die Erfahrung machen, dass Sie selbstbewusste Seiten in sich haben und diese gezielt zum Leben erwecken können. Trauen Sie sich, Ihr Licht scheinen zu lassen. Wenn Sie dieses Experiment immer wieder einmal machen, stärken Sie Ihre eigene, echte Ausstrahlung und Ihr Selbstbewusstsein.

Überzeugungen verändern

Unser Verhalten wird mitbestimmt von den Leitsätzen, die wir in uns tragen und die unsere innere Einstellung uns selbst und dem Leben gegenüber prägen. Diese Leitsätze fassen das zusammen, was wir in der Kindheit als grundlegende Überzeugungen gelernt haben. Zwei wesentliche Richtungen lassen sich unterscheiden:

»Ich bin wertvoll und wichtig!«
»Ich fühle mich angenommen, akzeptiert und geliebt um meiner selbst willen. Es darf mir gut gehen. Ich bin wichtig und ich fühle mich wertvoll.« Wer diese Überzeugungen in sich trägt, hat ein stabiles seelisches Fundament, das mit einem positiven Grundgefühl verbunden ist: »Ich bin den Herausforderungen des Lebens gewachsen und ich stehe zu mir selbst, so wie ich bin!« Wer mit einer solchen Selbsteinschätzung und positiven inneren Einstellung auf der Bühne des Lebens präsent ist, der wird von Widerständen und Schwierigkeiten nicht so leicht zu erschüttern sein.

»Ich bin nicht wertvoll und nicht wichtig!«

»Entschuldigung, dass ich überhaupt auf der Welt bin. Ich möchte auf keinen Fall anderen zur Last fallen und unnötig auffallen. Ich bin nicht wichtig! Ich bin nicht wertvoll.« Wer mit dieser Haltung auf der Bühne des Lebens agiert, der traut sich selbst wenig zu und nimmt Misserfolge persönlich, nach dem Motto: » Alles was ich in die Hände nehme, geht schief! Nur nicht auffallen, das könnte peinlich werden, wenn die anderen sehen, dass ich nichts weiß und nichts kann!« Dazu kommt noch das Vergleichen mit anderen: »Die machen es richtig! Die sind strahlend, erfolgreich und schön! Die haben es nicht so schwer wie ich!«

Jeder Mensch kann Anteile beider Seiten in sich tragen. Bei genauerer Selbsterforschung zeigt sich aber meist, dass eine der beiden Seiten überwiegt. Um herauszufinden, welcher Seite Sie mehr zuneigen, lade ich Sie zu einer kleinen Selbstreflexion ein:

Welches Bild habe ich von mir selbst?

> Sprechen Sie eher positiv und wertschätzend über sich selbst oder eher negativ, abfällig oder ironisch?

> Kommen von Ihnen eher positive oder eher negative Äußerungen, wenn Sie gefragt werden, wie es Ihnen geht?

> Wie leicht fällt es Ihnen, anderen Menschen mitzuteilen, wenn es Ihnen gut geht oder wenn Ihnen etwas gelungen ist?

> Gehören Sie zu denjenigen, die häufig jammern und denen es scheinbar nie wirklich gut geht?

> Gehören Sie zu den Menschen, die sagen »Danke, es geht mir gut!«, egal, wie Ihnen zumute ist?

Wenn Sie bei sich bemerken, dass Sie eher eine negative Grundeinstellung haben und sich selbst nicht so wertvoll und wichtig finden, dann werden Sie sicher ein Interesse daran haben, das zu verändern. Leider lassen sich tiefsitzende Überzeugungen nicht einfach löschen. Das wäre auch nicht sinnvoll, denn unsere Leitsätze haben uns in unserer Kindheit geholfen, schwierige Situationen zu bewältigen. Es geht also nicht darum, dass Sie von jetzt ab sich selbst und der Welt etwas vormachen. Aber es geht darum, dass Sie versuchen können, in einer wertschätzenden, freundlichen und grundsätzlich positiven Weise über sich selbst zu denken und zu sprechen – so, wie Sie es auch einer lieben Freundin oder einem Freund gegenüber tun würden.

Negativ-abschätzig von sich selbst zu denken und zu sprechen kann wie eine schlechte Gewohnheit sein, in die man immer wieder verfällt.

Übung: Negativität überwinden
Wenn Sie das nächste Mal ein nahestehender Mensch anruft und Sie fragt, wie es Ihnen geht, halten Sie zuerst einen Moment inne und atmen Sie tief ein. Spüren Sie Ihren Körper und besonders Ihre Füße auf dem Boden. Spüren Sie Ihre Gefühle. Nehmen Sie die Gedanken bewusst wahr, die Ihnen durch den Kopf gehen. Und machen Sie sich dabei bewusst, welche Gewohnheitsreaktionen sich aufdrängen wollen. Wenn Ihnen das gelingt, liegt es in Ihrer Hand, zu entscheiden, ob Sie negativ, positiv oder vielleicht auch differenziert antworten wollen. Der abgewandelte Leitsatz für Alkoholsüchtige kann Ihnen dabei helfen: »Lass das erste Glas Negativität stehen!«

Entscheidend ist es, dass Sie Ihre selbstabwertenden Gedanken bewusst wahrnehmen, bevor diese sich in Ihrer Seele Raum verschaffen können oder bevor Sie sie aussprechen. Es erfordert eine gewisse Aufmerksamkeit und Selbstdisziplin, sich selbst innerlich zuzuhören bei den Gedanken, die man sich ständig macht, und bei den Bemerkungen, Urteilen und Phantasien, die man ausspricht.

Die negative Grundeinstellung sich selbst gegenüber hat sich in der Kindheit entwickelt. Wenn es Ihnen heute gelingt, sich die Akzeptanz und Wertschätzung zu geben, die Sie in der Kindheit nicht in ausreichendem Maße bekommen haben, dann kann sich diese Grundhaltung verändern. Denn wenn ein Kind sich unglücklich fühlt und weint, von der Mutter aber ausgeschimpft und abgelehnt wird, weint es entweder noch mehr oder es zieht sich zurück. Wenn die Mutter aber das Kind in seinem Leid annimmt und es fragt, was es betrübt, können die Tränen versiegen und es fühlt sich über das Mitgefühl und das Gesehenwerden durch die Mutter getröstet. Wenn Sie in dieser Weise für sich selbst Mutter sein können, kann das gekränkte Kind in Ihnen, das sich klein, hilflos und wertlos fühlt, Mut fassen, Schritt für Schritt selbstbewusst zu den eigenen Stärken stehen und schließlich die Hauptrolle auf der Bühne Ihres Lebens übernehmen!

Zerbrochen und doch ganz

Für mich gibt es noch eine andere Dimension von Selbstwert und Selbstsicherheit. In dem nachfolgenden Gedicht von Jiménez ist das sehr schön beschrieben. Es berührt mich immer wieder von Neuem, denn es beschreibt auf sehr anschauliche Weise, dass es in jedem von uns etwas gibt, das unabhängig von unserem alltäglichen Tun und Wollen ist. Das immer da ist und das bleiben wird, wenn wir einmal sterben werden und das auch immer ganz bleibt, unabhängig davon, welche Schwierigkeiten, welches Leid wir in unserem Leben erfahren mussten. Mit dieser Kraft in uns, die auch als »höheres Selbst« oder »ewiges Selbst« bezeichnet wird, können wir in Kontakt kommen. Wenn man sich selbst und sein Leben von dieser Warte aus betrachtet, erscheint alles noch einmal in einem größeren Zusammenhang. Abschließend möchte ich Sie dazu anregen, anhand des nachfolgenden Gedichtes diesem Selbst nachzuspüren.

Mein höheres Selbst

Ich schlage Ihnen vor, das Gedicht von Jiménez zu lesen und die Sätze als Anregung zu nehmen, dieses andere Ich, »das an unserer Seite geht«, zu spüren. Sie können das auch hypothetisch tun: Wie würde es sich anfühlen, wenn es ein solches Ich gäbe?

Ich bin nicht ich.
Ich bin jener,
der an meiner Seite geht, ohne dass ich ihn erblicke,
den ich oft besuche,
und den ich oft vergesse.
Jener, der ruhig schweigt, wenn ich spreche,
der sanftmütig verzeiht, wenn ich hasse,
der umherschweift, wo ich nicht bin,
der aufrecht bleiben wird, wenn ich sterbe.

Juan Ramón Jiménez[1]

1   aus: Juan Ramón Jiménez: Herz, stirb oder singe. Aus dem Spanischen von Hans Leopold Davi, Copyright © 1977 Diogenes Verlag AG Zürich.

3 Spontan leben

Ich lobe den Tanz
Denn er befreit den Menschen
Von der Schwere der Dinge
Bindet den Vereinzelten
Zu Gemeinschaft

Ich lobe den Tanz
der alles fordert und fördert
Gesundheit und klaren Geist
und eine beschwingte Seele
Tanz ist Verwandlung
des Raumes, der Zeit, des Menschen
der dauernd in Gefahr ist
zu zerfallen, ganz Kopf
Wille oder Gefühl zu werden

Der Tanz dagegen fordert
den ganzen Menschen
der in seiner Mitte verankert ist
der nicht besessen ist
von der Begehrlichkeit
nach Menschen und Dingen
und von der Dämonie
der Verlassenheit im eigenen Ich

Der Tanz fordert
den befreiten, den schwingenden Menschen
Im Gleichgewicht aller Kräfte

Ich lobe den Tanz

O Mensch, lerne tanzen
sonst wissen die Engel
Im Himmel mit dir
nichts anzufangen

Augustinus zugeschrieben

Ich tanze für mein Leben gern! Wenn ich Lust und Zeit habe, gehe ich in mein Zimmer, lege eine Musik auf, die zu meiner Stimmung passt, drehe sie laut auf und beginne mich im Rhythmus der Musik zu bewegen. Ich versuche dabei, keine Schrittfolgen oder Bewegungsabläufe vorauszuplanen. Ich folge den Impulsen, die im Moment auftauchen. In der Regel steigt meine gute Laune, je länger ich tanze. Danach fühle ich mich gelockert und energievoll. In der Tanz- und Bewegungsgruppe, die ich seit 14 Jahren leite, sind einige Frauen seit Gründung der Gruppe mit dabei. Sie haben in diesen Jahren gelernt, auf ihren Körper zu hören und sich ihren Bewegungsimpulsen anzuvertrauen. Am Anfang fiel es ihnen schwer, sich der Bewegung und der Musik zu überlassen, da sie es gewohnt waren, im klassischen Stil oder im »Discostil« zu tanzen. Heute tanzen sie ausgelassen mit Freude und Power. Sie fühlen sich beweglicher, lockerer und souveräner als vor zehn Jahren. Warum ich das beschreibe? Um Ihnen die positive Wirkung des Tanzens, besonders des freien Tanzens, auf Körper, Seele und Geist zu veranschaulichen. Denn Tanzen bringt Sie in Kontakt mit Ihren Gefühlen und Ihrer Lebensenergie; Tanzen entspannt und bringt den Atem ins Fließen. Emotionale, körperliche und gedankliche Blockaden lösen sich und Ihre Spontaneität kann sich entfalten.

Einfach lostanzen ist aber u. U. gar nicht so einfach. Zum einen ist es so, dass nicht jeder Mensch einen direkten Zugang zum Tanzen hat. Zum anderen ist Tanzen nicht die einzige

Möglichkeit, die unsere Spontaneität in Fluss bringen kann. In jedem Fall ist es aber ein Mittel der Wahl. Ob allein, zu zweit, in der Gruppe – Tanzen macht müde Lebensgeister munter und bringt die Menschen innerlich und äußerlich in Bewegung. Und wenn man immer wieder Zugang zu dieser Lebensquelle findet, ist das wie ein Jungbrunnen, der erfrischt, egal, wie alt oder jung man ist. Man kann auch im Sitzen oder Liegen tanzen. Auch in seiner Phantasie kann man sich bewegen!

Franz war ein Klient von mir, der sich in der Therapie unter anderem mit seinem gehemmten Auftreten auseinandersetzte. Wir arbeiteten auch mit tanztherapeutischen Methoden an seiner Schüchternheit. Zuerst war er scheu in seinem Gefühls- und Körperausdruck, aber im Laufe der Zeit traute er sich immer mehr, aus sich herauszugehen und spontan seinen Bewegungsimpulsen zu folgen. Er fand durch anregende Musik, Körperübungen und Tanzimprovisationen einen Zugang zu diesen Impulsen, die ganz von allein auftauchen, wenn man sich nicht selbst hemmt. Eines Tages saß er in der U-Bahn auf dem Weg nach Hause. Eine junge Frau, die er ausgesprochen sympathisch und attraktiv fand, saß ihm gegenüber. Er schaute sie immer wieder an und sie erwiderte freundlich seine Blicke. Er spürte den Wunsch, sie anzusprechen, traute sich aber nicht, das zu tun. Als sie ausstieg, stand er zu seiner eigenen Überraschung selbst auch auf, ging mit ihr hinaus und sprach sie an. Sie gingen gemeinsam in ein Café. Aus dieser Begegnung entwickelte sich eine langjährige, glückliche Partnerschaft. Als Franz mir diese Geschichte erzählte, wurde deutlich, dass er ohne viel zu überlegen reagiert hatte. Er wollte diese Frau unbedingt kennen lernen. Als sie aus der U-Bahn stieg, konnte er seinen Gefühlen und Willensimpulsen folgen, ohne von gedanklichen Einwänden daran gehindert zu werden. Im Gespräch waren wir uns einig darüber, dass er diese Offenheit den inneren Impulsen gegenüber und den Mut, ihnen zu folgen, durch die tanztherapeutische Arbeit entwickelt hatte.

In diesem Kapitel möchte ich Ihnen Anregungen vermitteln, wie Sie Ihrer emotionalen Lebendigkeit auf die Sprünge helfen können. Denn sie steht Ihnen fortwährend als Antriebsquelle zur Verfügung und wartet nur darauf, von Ihnen genutzt zu werden. Menschen, die einen guten Zugang dazu haben, werden als spontan bezeichnet. Sie überlegen nicht lange, bevor sie handeln und sie sind dabei in einem guten Kontakt mit ihren Gefühlen. Sie befinden sich sozusagen im Fluss mit der Situation und mit ihrem eigenen Fühlen, Denken und Wollen. Der Text von Augustinus schildert sehr anschaulich den Menschen, der in sich die Kräfte des Denkens, Fühlens und Wollens ausgeglichen hat und der sich aus dieser ausbalancierten Mitte heraus frei und beschwingt bewegt. Für mich ist das ein Bild nicht nur für die inneren Impulse, die zum tänzerischen Ausdruck führen, sondern auch für eine Lebenshaltung, die spontan auf Situationen reagiert. Denn Spontaneität ist verbunden mit emotionaler Lebendigkeit, Beweglichkeit, Kreativität und Lebenslust. Die Impulse, die von selbst in uns auftauchen, sind ohne unser Zutun da und wenn wir diesen emotionalen Impulsen folgen, handeln wir spontan. Ich möchte Sie anregen, Ihrem Umgang mit Spontaneität nachzuspüren.

Wann habe ich spontan reagiert?

Wenn Sie die letzten Tage oder Wochen vor Ihrem inneren Auge Revue passieren lassen:

> Wann haben Sie das letzte Mal direkt und unmittelbar »aus dem Bauch heraus« gehandelt?
> Wann haben Sie zuletzt direkt und ungeniert Ihren Gefühlen und Bedürfnissen Ausdruck verliehen?

> Wie gehen Sie mit den emotionalen Impulsen um, die Sie zum Handeln bewegen wollen? Folgen Sie diesen Impulsen eher spontan oder neigen Sie eher zum Zaudern und Nachdenken: Was wäre, wenn ...?
> Gab es Situationen, wo Sie gerne spontan reagiert hätten und sich dann doch beherrscht haben?

Wie ging es Ihnen mit dieser Besinnung? Haben Sie dabei Ihre spontane Seite in den Blick bekommen oder sind Sie eher Ihrer beherrschten und vernünftigen Seite begegnet? Wir werden uns in diesem Kapitel mit beiden Seiten beschäftigen, denn wenn die emotionale Lebendigkeit und Spontaneität verschüttet sind, dann hängt das zum einen meist mit der Vorherrschaft des Verstandes in der Seele zusammen und zum anderen mit unseren Abwehrhaltungen. Es wird darum gehen, wie sich die Spontaneität der Gefühle so mit dem Denken verbinden lässt, dass der Wille und das Handeln spontanen Impulsen folgen können.

Die Spontaneität des inneren Kindes wecken

Kleine Kinder sind von Natur aus spontan. Sie sprechen aus, was sie beschäftigt, ohne darüber nachzudenken, ob sie es dürfen oder nicht. Sie »tragen das Herz auf der Zunge«. Sie sprechen ungeniert Menschen an, sie lachen und streiten mit ihnen. Sie weinen, wenn sie sich verletzt haben, sie ziehen sich zurück, wenn sie allein sein möchten und sie schreien, wenn sie etwas nicht bekommen, was sie unbedingt haben wollen. Kinder folgen ihren spontanen Impulsen, sie leben aus dem Moment heraus und sind dabei im Hier und Jetzt mit allen ihren Sinnen anwesend.

Diese ungebremste kindliche Spontaneität bleibt aber nicht lange erhalten. Denn schon in den ersten drei Lebensjahren nimmt ein Kind viele Botschaften von seinen Erziehungspersonen auf, wie es sich verhalten soll und wie nicht: »Du sollst nicht so laut schreien, das stört die Nachbarn!« »Du sollst nicht auf Bäume steigen, dabei kannst du dich verletzen!« »Kritzle nicht so herum, mal etwas Anständiges!« Solche und ähnliche Bemerkungen zerstören das kindliche Vertrauen in die spontane Kreativität. Je nachdem, wie ein Kind veranlagt ist, passt es sich an und verhält sich so, dass Vater und Mutter zufrieden sind. Diese Töchter und Söhne entwickeln sich zu wohlerzogenen, braven und »gut funktionierenden« Kindern, die alle Pflichten zur Zufriedenheit ihrer Umwelt erfüllen. Andere Kinder ziehen sich ängstlich zurück und trauen sich nichts mehr zu. Sie werden schüchtern, finden keinen Kontakt zu anderen Kindern und entwickeln sich zu Außenseitern. Wieder andere reagieren rebellisch und schlagen über die Stränge. Als Jugendliche demonstrieren sie ihre Auflehnung, indem sie Alkohol im Übermaß oder andere Drogen konsumieren oder sich extremistischen Gruppierungen anschließen.

Erziehung besteht zu einem Gutteil darin, die Kinder zu sozialisieren, d. h. ihnen beizubringen, ihre spontanen Impulse zu beherrschen und soziale Umgangsformen anzunehmen. Sie sollen nicht gleich schreien, wenn ihnen etwas fehlt und sie sollen sich so verhalten, wie die Erwachsenen denken, dass es zu einer Situation passt. Unsere ganze Kultur beruht darauf, dass wir nicht ungebremst unseren natürlichen Impulsen folgen. Kinder übernehmen dabei die Normen und Werte ihrer Umgebung. Sie verhalten sich so, wie »man« sich zu verhalten hat. Leider geht bei diesem Sozialisationsprozess in vielen Fällen die Spontaneität als Ganzes verloren. Und wenn dann im Erwachsenenleben in der Arbeit Kreativität oder in Beziehungen Gefühle gefordert sind, kann die Frage entstehen: »Wie finde ich wieder Zugang zu meiner emotionalen Lebendigkeit und Spontaneität?«

Erinnerungen an meine kindliche Spontaneität

Versuchen Sie, Erinnerungen an die Zeit lebendig werden zu lassen, als Sie klein waren. Sie können dabei auch Fotos aus Ihrer Kindheit anschauen. Erinnern Sie sich besonders an Situationen, in denen Sie sich beim Spielen lebendig gefühlt haben und sich spontan ausdrücken konnten:

> Was haben Sie in diesen Situationen getan?
> Wie haben Sie sich dabei gefühlt?

Wenn sich Ihnen vor allem Erinnerungen aufdrängen wollen, in denen Ihre Spontaneität gebremst wurde, dann versuchen Sie trotzdem auch positive Situationen zu finden, in denen Sie sich lebendig gefühlt haben. Denn die Erinnerungen an die kindliche Spontaneität sind ein Schatz in unserer Seele. Und wir können auch als Erwachsene diesen Schatz heben, wenn wir uns mit der Lebendigkeit unseres inneren Kindes verbinden.

Die Quelle unserer Spontaneität liegt in unseren Gefühlen. Zuneigung, Begeisterung, Ablehnung, Ärger, Angst und viele andere Gefühle tauchen als spontane Impulse in der Seele auf und treiben uns zum Handeln. Wenn ich von diesen Gefühlen zum Handeln getrieben werde, dann kann man das als impulsiv bezeichnen, denn der emotionale Impuls führt direkt zum Handeln. Mir ist es wichtig, impulsives emotionales Handeln, das zwanghaft sein kann, von spontanem Handeln zu unterscheiden. Beim spontanen Handeln ist das Denken mitbeteiligt, es verbindet sich in einer fließenden Weise mit dem Fühlen. Von Spontaneität kann man sprechen, wenn Fühlen, Wollen und Denken so im Einklang mit einer Situation sind, dass das Handeln nicht durch Überlegungen oder moralische Prüfungen gestoppt wird, sondern wie aus einem inneren Quellpunkt heraus in einem Fluss ist.

Wie gehe ich mit meinen spontanen Impulsen um?

Schauen Sie auf die letzten drei Wochen:

> Gab es Gelegenheiten, bei denen Sie Ihre kindliche Lebendigkeit und Spontaneität spüren und leben konnten?
> Haben Sie spontan z. B. Gefühle der Freude oder des Ärgers ausgedrückt?
> Ist es für Sie eher selbstverständlich, spontan zu handeln oder sind Sie eher ein beherrschter Mensch?
> Wenn Sie eher ein beherrschter Mensch sind: Welche emotionalen Impulse haben Sie gespürt und wie haben Sie diese Impulse zurückgehalten?

Wenn Ihnen zu diesen Fragen nichts einfällt, überlegen Sie, woran das liegt. Fällt es Ihnen schwer, Gefühle und Bedürfnisse zu spüren und auszudrücken? Leben Sie zur Zeit in einer angespannten Situation? Hätten Sie Lust, wieder einmal etwas spontan zu tun? Wenn ja, welche Gelegenheiten kämen dafür in Frage?

Katharina, 35 Jahre alt, kam zu mir zur Psychotherapie, nachdem sie wegen eines Burnout-Syndroms ihre Arbeitsstelle vorläufig aufgegeben hatte. Sie war eine begabte und vielseitig talentierte Frau und wirkte beherrscht und freundlich. In den Gesprächen zeigte sich, dass ihre seelischen Probleme mit der beruflichen Tätigkeit zusammenhingen. Sie fühlte sich eingeengt und unwohl, wenn sie den ganzen Tag am Schreibtisch sitzen musste. Dazu kam der Druck durch viel zu viel Arbeit. Endgültig zuviel wurde alles, als sie noch einige Sonderaufgaben bekam, weil sie in eine Führungsposition befördert werden sollte. Diese Zusammenhänge konnten wir im Gespräch gut klären, aber eine offensichtliche Wende trat erst ein, als ich ihr vorschlug, ihre Gefühle und Erlebnisse in Farben und Formen zu Papier zu bringen. Katharina begann, den inneren

Druck und ihre Ängste in einem Maltagebuch kreativ auszudrücken. Dabei tauchten auch ihre verborgenen Wünsche und Sehnsüchte auf, die sie ebenfalls malend gestaltete. Nach und nach entwickelte sie Freude daran, ihr inneres Erleben mit Farben auszudrücken. Dadurch bekam sie Zugang zu ihren Gefühlen, zu ihrer Lebendigkeit und zu ihren kreativen Fähigkeiten, was sie zunehmend als befreiend und bereichernd erlebte.

Katharina, die kurz davor gewesen war, sich gegen ihren Willen auf die Verantwortung einer leitenden Stelle einzulassen, begann verdrängte lebendige Anteile von sich wiederzuentdecken. Sie malte, legte ihren Garten neu an und fand endlich Zeit, ausgiebig mit ihren Kindern zu spielen. Dabei entdeckte sie ihre eigenen kindlichen, verspielten Seiten wieder. Es war für mich sehr berührend zu sehen, wie Katharina aufblühte. Im Laufe der Stunden wurde deutlich, dass die Seite in ihr, die es allen Recht machen wollte, auch auf Kosten der eigenen Bedürfnisse, mit Erfahrungen aus ihrer Kindheit verknüpft war. Katharinas Vater war sehr dominant gewesen und hatte an sich selbst und an seine Kinder sehr hohe Ansprüche gestellt. Für ihn war es selbstverständlich, immer zu arbeiten und seine Zeit nicht mit Müßiggang zu verbringen. Katharina hatte große Angst vor ihrem Vater, selbst als erwachsene Frau noch, weil er jähzornig wurde, wenn etwas nicht in seinem Sinne geschah. Er konnte dann sehr laut schreien und war vollkommen unberechenbar. Unter diesen Umständen war es für Katharina nicht möglich gewesen, ihre kreative und spontane Seite zu entfalten.

Übung: Ein Mal-Tagebuch führen

Um den Zugang zu den schöpferischen Impulsen Ihrer Seele zu pflegen, möchte ich Sie anregen, ein Mal-Tagebuch zu führen. Kaufen Sie sich farbige Pastellkreiden und einen Malblock oder ein Malbuch und versuchen Sie, mehrmals in der Woche zu malen.

> Beginnen Sie mit einer Farbe, die Ihnen gerade ins Auge springt, Farben und Formen zu malen und lassen Sie sich dabei von dem führen, was als Impulse in Ihnen auftaucht.
> Vermeiden Sie es nach Möglichkeit, einen Plan zu machen oder etwas Bestimmtes erreichen zu wollen. Lassen Sie sich selbst von dem überraschen, was sich auf dem Blatt gestaltet.
> Sie können Ihrem Bild einen Titel oder Namen geben.

Das Maltagebuch ist eine gute Gelegenheit, um die eigene Kreativität und Spontaneität anzuregen. Sie können noch einen Schritt weiter gehen und versuchen, alltägliche Situationen wie ein Künstler zu betrachten und zu gestalten. Joseph Beuys wollte mit seinem viel zitierten Satz »Jeder Mensch ist ein Künstler!« anregen, dass nicht nur in den Ateliers oder auf den Bühnen Kunst entstehen kann, sondern im Alltag durch jedermann und jedefrau. Experimentieren Sie doch mit dieser Anregung!

Übung: Jeder Mensch ist ein Künstler

> Nehmen Sie Sinneswahrnehmungen nicht einfach passiv so hin, wie sie sind: Lassen Sie z. B. Ihre Augen mit dem Sonnenlicht auf den Blättern, Blüten und Steinen »mittanzen« und »sehen« Sie mit der Macht Ihrer Phantasie die Figuren und Gestalten in den Wolkenformationen oder in den Schatten an der Wand.
> Gestalten Sie eine Mahlzeit, indem Sie die Farben und Aromen des Essens kunstvoll aufeinander abstimmen und auch den Tisch stimmungsvoll dekorieren. Finden Sie das passende Getränk und die richtige Musik zu dem speziellen Anlass.
> Gestalten Sie in ähnlicher Weise einen Abend, ein Fest, einen Ausflug. Im Versuch, das, was Sie tun, aufeinander abzustimmen, aktivieren Sie Ihre künstlerischen Fähigkeiten.

> Besuchen Sie Kurse in Malerei, Bildhauerei, eine Schreib-
> werkstatt, Tanz- oder Theaterworkshops, in denen Sie An-
> regungen erfahren, die Ihre individuelle Kreativität fördern.

Wie der spontane Ausdruck verhindert wird

Wenn man einen spontanen Einfall oder Impuls in sich wahrnimmt, kann es sein, dass man ihn stoppt, indem man zuerst
einmal darüber nachdenkt: Soll ich jetzt meinem Impuls folgen und spontan Gisela anrufen, Gerd eine schöne Rose mit-
bringen, Marion und Daniel heute Abend zum Essen einladen, das rote Kleid einfach kaufen usw. In dem Augenblick, wo
Sie beginnen nachzudenken, hin und her zu überlegen, ob Sie
das Betreffende tun wollen oder nicht, hat sich die Energie des
spontanen Impulses in Luft aufgelöst. Das ist in vielen Situationen sicherlich auch ganz gut so, denn es ist natürlich sinnvoll, schwerwiegende Entscheidungen gut zu bedenken. Aber
wenn wir immer nur wohlüberlegt und abgewogen handeln,
dann geht die Leichtigkeit des Seins verloren, alles Spielerische
und Lustvolle verschwindet aus dem Leben.

Es hat andererseits aber auch nicht viel mit Spontaneität zu tun, wenn man seinen emotionalen Impulsen in einer
Weise folgt, dass das Handeln wie zwanghaft von Emotionen bestimmt wird. Man fühlt sich dann getrieben von seinen Impulsen. Den Gefühlen gegenüber ist eine Form der
bewussten Wahrnehmung gefragt, die den Gefühlsimpuls
wahrnimmt und auch auftauchende Gedanken bemerkt, aber
den Weg freihält, damit sich der Impuls entfalten kann. Und
die Bewusstheit, die mit dem Impuls mitgeht, greift nur dann
bremsend ein, wenn es notwendig ist. Das bedeutet aber, dass
man offen ist für das, was in einem selbst auftaucht und es sich
entfalten lässt.

Das ist vielfach gar nicht so einfach, denn oft werden die spontanen Impulse bereits in ihren Anfängen abgewehrt und unterdrückt. Schon in der frühen Kindheit haben wir gelernt, welche unserer Impulse von den wichtigen Menschen in unserer Umgebung nicht erwünscht waren oder mit Ablehnung und Strafandrohung beantwortet wurden. Schmerzhafte Erfahrungen aufgrund von unerwünschten spontanen Handlungsimpulsen haben dazu geführt, dass sich in der Seele bestimmte Schutz- und Abwehrhaltungen entwickelt haben, die dafür sorgen, dass sexuelle, aggressive oder andere »gefährliche« und »verbotene« Impulse gar nicht mehr wahrgenommen oder aber sofort unterdrückt werden. Diese Abwehrhaltungen schützen uns davor, schmerzhafte Erfahrungen zu machen. Sigmund Freud bezeichnete diesen Prozess als »Verdrängung«. Um das Potenzial unserer spontanen Impulse nutzen zu können, ist es jedoch notwendig, auf diese Abwehrmechanismen aufmerksam zu werden. Denn dadurch ist es möglich, sie außer Kraft zu setzen und bewusst zu entscheiden, ob man einem Impuls folgen will oder nicht. Mit der nachfolgenden Selbstreflexion möchte ich Sie dazu einregen, sich einige Ihrer vorherrschenden Schutz- und Abwehrfunktionen bewusst zu machen.

Wie schütze ich mich unbewusst vor »gefährlichen« Handlungsimpulsen?

Schauen Sie sich bitte die oben aufgeführte Beschreibung der Schutz- und Abwehrfunktionen an und fragen Sie sich, wie Sie sich davor schützen, dass Sie Dinge tun, die für Sie peinlich oder in einer anderen Weise »gefährlich« sein könnten:

> Verleugnung: Neigen Sie manchmal dazu, einfach abzustreiten, dass Sie wütend sind oder andere »negative« Emotionen erleben, obwohl in Ihnen ein Gefühlssturm tobt?

> Abspaltung: Neigen Sie manchmal dazu, Gefühle und Wünsche so stark zu verdrängen, dass Sie erst später merken, was eigentlich mit Ihnen los war?

> Regression: Neigen Sie manchmal dazu, kindlich und albern zu reagieren, wenn in Ihnen Wünsche oder Handlungsimpulse auftauchen, die Ihnen peinlich sind?

> Intellektualisierung: Neigen Sie manchmal dazu, kluge Gesprächsbeiträge zu bringen, obwohl Sie eigentlich innerlich ganz andere emotionale Regungen spüren?

> Wendung gegen die eigene Person: Neigen Sie manchmal dazu, sich selbst die Schuld aufzuladen, obwohl Sie über eine andere Person verärgert sind?

> Somatisierung: Neigen Sie manchmal dazu, in Konfliktsituationen Ihren Ärger »hinunterzuschlucken« und lieber Nacken- oder Magenschmerzen zu ertragen als Ihre Wut zu zeigen?

> Projektion: Neigen Sie manchmal dazu, andere wegen schlechten Benehmens zu beschuldigen und abzuurteilen, obwohl Sie bei genauerem Hinschauen eingestehen müssten, dass Sie selbst ähnliche Verhaltensweisen an den Tag legen?

Körperliche und emotionale Lebendigkeit entwickeln

Lebendigkeit erfährt man, wenn man mit Leib und Seele bei einer Sache ist, wenn man sich für etwas begeistert. Körper und Gefühle sind dann ganz am Geschehen beteiligt, man ist »mit Haut und Haaren« dabei. An Kindern kann man das wunderschön beobachten, wenn sie vollkommen in ihrem Spiel aufgehen und sich mit Feuereifer auf Abenteuer und Experimente einlassen. Ein Mensch, der sich freut und lacht, der traurig ist und weint oder der wütend mit dem Fuß auf dem Boden aufstampft, ist lebendig. Doch häufig begegnen uns Menschen, die mit unbewegtem Gesicht in der S-Bahn sitzen oder angespannt und hektisch ihrer Arbeit nachgehen und sich am Abend zu nicht viel mehr in der Lage fühlen, als fernzusehen.

Lächeln Sie einmal spontan einen fremden Menschen an, vielleicht wird Ihr Lächeln ja erwidert! Genauso gut ist es natürlich möglich, dass Ihr Gegenüber keine Miene verzieht, denn spontanes Handeln kann Verunsicherung auslösen. Viele Menschen sind es nicht gewohnt, ihre Gefühle zu spüren, geschweige denn, sie zu zeigen. Es irritiert sie, wenn andere Menschen direkt auf sie zugehen. In unserer Gesellschaft ist es nicht unbedingt üblich, im Alltag Gefühle zu äußern oder spontan zu reagieren. Emotionen lässt man andere für sich ausleben – im Fernsehen, im Kino oder bei Computerspielen. Durch gewagte Unternehmungen wie Bungee-Springen, rasantes Autofahren oder Drogenkonsum versuchen manche Menschen, sich selbst wieder zu spüren. Doch solche Aktivitäten verhelfen nur für kurze Dauer zum ersehnten Kick.

Die Mehrzahl der Menschen kommt mit ihrem Leben ganz gut zurecht. Trotzdem drängt sich auch bei ihnen manchmal die Frage auf: »War das schon alles?« Irgendetwas scheint zu fehlen. Der Wunsch nach mehr Lebenslust und Lebensintensität taucht auf. Lebenslust aber wird gespeist aus einem gut funktionierenden Emotionshaushalt und der Fähigkeit, im Hier und Jetzt präsent zu sein.

Körperliche Grundlagen der Emotionalität und Spontaneität

Wie erhalten wir Zugang zu unseren Gefühlen? Lassen Sie uns dazu einen Blick in die Ausbildung von Schauspielern werfen.

Für sie ist die Fähigkeit zum emotionalen Ausdruck naturgemäß besonders wichtig. Die erste Voraussetzung dazu ist, dass der Körper beweglich und durchlässig wird. In einer Schauspielausbildung sind Körperarbeit, Bewegungsimprovisationen, Gymnastik, Fechten und Tanz sehr wichtig.

Dadurch wird der Körper vorbereitet und eingestimmt auf das Theaterspielen, denn emotionaler Ausdruck und Spontaneität sind abhängig davon, dass sich Lebendigkeit im Körper entfalten kann. Unser Körper ist das Instrument, durch das sich unsere Seele ausdrücken kann. Dazu ist es wichtig, verschiedene körperliche Funktionen zu trainieren:

> Gelenkigkeit und Beweglichkeit
> Atmung
> Spannkraft
> Entspannungsvermögen
> Aufrichtungskraft
> Verwurzelung mit dem Boden

Ich kann Ihnen im Folgenden nicht für alle diese Themen Übungen vorschlagen. Das würde den Rahmen dieses Buches sprengen. Aber einige Anregungen zu »Verlebendigung« möchte ich Ihnen doch geben:

Übung: Beweglich von Kopf bis Fuß
> Stellen Sie sich aufrecht hin. Die Füße stehen hüftbreit. Die Arme hängen entspannt neben dem Oberkörper.
> Nun lassen Sie sanft Ihren Kopf kreisen, die Schultern, die Hände, das Becken, die Knie, die Füße.
> Machen Sie das so lange, bis Sie sich Ihre Gelenke geschmeidig anfühlen. Lassen Sie Ihren ganzen Körper in der Bewegung mitgehen, wie eine Schlingpflanze, die sich im Wasser bewegt.

> Wenn Sie das täglich für ein paar Minuten machen, können Sie beweglich und fit bleiben bis ins hohe Alter!

Es ist unterstützend, zu dieser Übung Musik aufzulegen, an der Sie Freude haben. Das hilft, in einen inneren und äußeren Bewegungsfluss zu kommen.

Spielfreude und Spontaneität

Ich führe immer wieder Workshops durch zum Thema: »Komm auf die Bühne des Lebens!« Unter anderem arbeite ich dabei auch mit Theaterspiel. Nach vorbereitenden Körper- und Bewegungsübungen bekommen die TeilnehmerInnen eine große Kiste mit Kostümen und Requisiten zur Verfügung gestellt. Sie wählen ein Thema, das sie im Anschluss in eine improvisierte Theaterszene umsetzen. Wenn die verschiedenartigen Rollen ausprobiert werden, entsteht eine unglaubliche Lebendigkeit im Raum. Die Teilnehmer werden immer mutiger darin, Seiten ihrer Persönlichkeit auszudrücken, die sie bislang verborgen gehalten haben. Und was glauben Sie, welche Rollen besonders beliebt sind? Kinder zu spielen! In diesen Spielsituationen kommen Spontaneität und Kreativität in vollem Umfang zum Einsatz. Das Fazit dieser Wochenenden ist regelmäßig, dass die Teilnehmer sich lebendig und angeregt fühlen. Sie wurden ermutigt, ihren Gefühlen Ausdruck zu verleihen, und sie sind dankbar für die Erfahrung, sich frei in Tanz und Spiel ausgelebt zu haben. Manch einer entschließt sich danach, an einer fortlaufenden Gruppenarbeit teilzunehmen, um das gerade geweckte, aber noch zarte »Lebendigkeitspflänzchen« weiter zu stärken. Man braucht aber nicht unbedingt einen Workshop zu besuchen, um durch Rollenspiele seine Spielfreude und Lebendigkeit freizusetzen. Ich will Ihnen dazu einige Anregungen geben:

Übung: Rollen spielen:

Wenn Sie sich auf einem Spaziergang unbeobachtet fühlen oder in Ihrer Wohnung einen Raum zum ungestörten Üben haben, dann können Sie für sich verschiedene Rollen ausprobieren. Beginnen Sie mit Rollen, die Ihnen leichtfallen und zu denen Sie Lust haben. Hier ein paar Ideen als Anregung: ein frecher Junge oder ein freches Mädchen beim Spielen, ein wütender Lehrer vor der Klasse, ein protestierender Fußballfan im Stadion, eine Primadonna, die den Applaus entgegennimmt ...

Beim Üben können verschiedene Ansätze hilfreich sein:

> Versuchen Sie zunächst, sich in die Körperhaltung, Mimik, Gestik und Bewegungsart der Rolle einzufühlen und sie spielerisch zu gestalten.
> Nehmen Sie dann Stimme und Sprache dazu. Sprechen Sie aus, was Ihnen einfällt.

Das Spielen wird getragen von Gefühlsimpulsen: Ich fühle mich wütend, stolz, freudig oder überrascht. Aus dem jeweiligen Gefühl heraus entstehen spielerische Aktionen. Um Ihre Wahrnehmung für Gefühle anzuregen, schlage ich Ihnen folgende Übung vor:

Übung: Wie geht es mir?

Während eines Spaziergangs können Sie sich von Zeit zu Zeit fragen: »Wie geht es mir jetzt?« – »In welcher Stimmung befinde ich mich gerade?« – »Was fühle ich in diesem Moment?«

Wenn Sie Ihre Gefühlslage spüren, können Sie versuchen, die Traurigkeit oder die Freude, den Ärger oder die Langeweile körperlich auszudrücken:

> Wenn Sie Traurigkeit verspüren, könnten Sie Ihren Kopf ein wenig hängen lassen und Ihre Schultern zusammenziehen.

> Wenn Sie Ärger in sich wahrnehmen, gehen Sie bewusst schneller, knallen Sie die Fersen auf den Boden, ziehen Sie die Augenbrauen zusammen und schauen Sie finster drein.

> Sollten Sie Langeweile empfinden, könnten Sie einen unbeteiligten Gesichtsausdruck aufsetzen und einen langsamen, schlurfenden Gang ausprobieren, das Becken dabei etwas nach vorne gedrückt haltend.

> Wenn Sie Freude erleben, könnten Sie beschwingter gehen oder hüpfen und ein Lächeln auf Ihr Gesicht zaubern.

Das bewusste Spüren und Ausdrücken Ihrer Gefühlslage wirkt belebend und bringt mehr Schwung in Ihren Gefühlshaushalt.

Jeder Mensch hat einen individuellen Gesichtsausdruck und eine individuelle Mimik. Der eine schaut eher lächelnd drein, andere wirken traurig, stolz, müde oder neutral. Der Gesichtsausdruck eines jeden Menschen wird von seiner grundsätzlichen Seelenstimmung geprägt. Da diese sich nicht ständig grundlegend verändert, befinden sich die Gesichtsmuskeln mehr oder weniger in der gleichen Spannung. Es wirkt außerordentlich belebend auf den gesamten Körper und die Seele, wenn die Gesichtsmuskulatur gelockert und für den seelischen Ausdruck durchlässig wird. Die Atmung wird dadurch angeregt und man bekommt Zugang zu seinen verdrängten Emotionen. Ich möchte Ihnen dafür zwei Übungen vorschlagen:

Übung: Gesichts- und Kopfmassage
Setzen oder legen Sie sich entspannt hin und schließen Sie Ihre Augen; lassen Sie Ihren Mund leicht geöffnet.

> Legen Sie Ihre Handflächen aneinander und reiben Sie sie solange, bis sie warm sind.

> Beginnen Sie Ihre Stirn mit kreisenden Bewegungen zu massieren. Massieren Sie Ihre Schläfen, die Wangenknochen,

die Unterkiefergelenke, die Ohrläppchen und das Kinn. Massieren Sie Ihren Nacken, den Hinterkopf und die Schädeldecke.

> Dann legen Sie Ihre Hände senkrecht über Ihr Gesicht, so dass die Augen bedeckt sind. Die Fingerspitzen schauen zum Haaransatz. Mund und Nase werden freigelassen.
> Atmen Sie mehrmals tief ein und entspannen Sie beim Ausatmen bewusst Ihr Gesicht.

Übung: Grimassen schneiden

> Bewegen Sie Ihre Stirn und den Mund, öffnen Sie Ihren Unterkiefer, strecken Sie die Zunge heraus, lassen Sie Töne und Laute kommen.
> Sie dürfen so richtig wüst und unausstehlich sein! Leben Sie sich aus! In diesem Falle gilt: Je »blöder« Ihnen das gelingt, desto effektiver ist es für Sie.

Sie sollten diese Übung aber nicht unbedingt in der S-Bahn ausprobieren, wenn Ihnen andere Menschen gegenübersitzen oder im Büro, wenn gerade Ihre Chefin zur Türe hereinkommt.

Trudi Schoop war eine der ersten Tanztherapeutinnen. Als Kind litt sie einige Jahre lang unter Angstzuständen. Niemand wusste von ihrem belastenden Geheimnis. Sie beschloss, ihre Gefühle allein und für sich selbst in Bewegung auszudrücken und ihre Angst zu »tanzen«. Sie hörte Musik und improvisierte freie Bewegungen dazu. Mit Hilfe der Musik, der Melodien und des Rhythmus verwandelte sie ihre Angstphantasien in Bewegung. Diese Improvisationen setzte sie nach und nach in Bilder um, suchte nach einem Anfang und einem Ende ihrer getanzten Geschichten. Damit konnte sie ihre Ängste gestalten. Nach dem Tanzen fühlte sie sich erleichtert und befreit. Sie war nicht mehr von ihren bedrohlichen Phantasien besessen, sondern hatte wieder die Herrschaft über sich gewonnen, indem sie ihre Gefühle schöpferisch nach außen transportierte und nicht mehr in sich gefangen hielt. Sie erlebte, wie sie sich über emotional ausgeführte Bewegung selbst therapieren konnte.

Übung: Gefühle tanzen
Suchen Sie sich einen Raum, indem Sie sich ungestört bewegen können. Unterstützend ist es, wenn Sie im Hintergrund eine Trommelmusik laufen lassen.

> Versuchen Sie, durch Bewegungen Traurigkeit, Wut, Unsicherheit, Freude oder andere Gefühle, die Sie bewegen, auszudrücken.

> Tauchen Sie vollkommen in ein Gefühl ein und versuchen Sie, es in Ihrem eigenen Tanz auszudrücken.

> Sie können zunächst dem folgen, was als Impuls in Ihnen auftaucht. Es ist dann aber auch möglich, z. B. einen »Freudentanz«, »Wuttanz« oder »Trauertanz« zu gestalten, indem Sie verschiedene Bewegungsformen ausprobieren: groß, klein, eckig, rund, langsam, schnell, dynamisch, ruhig ... Dabei zeigt sich, was am besten zu Ihrem jeweiligen Gefühl passt.

Spontan handeln

Jetzt haben Sie einiges gelesen über innere und äußere Lebendigkeit sowie über Spontaneität. Vielleicht stellen Sie sich nun die Frage, wie Sie auch im Alltag spontan handeln und mehr innere und äußere Lebendigkeit entwickeln können. Haben Sie Lust, einmal aus gewohnten Verhaltensmustern auszubrechen? Dinge einmal auf unkonventionelle Weise zu tun? Ich könnte mir vorstellen, dass Sie sich manchmal wünschen, Ihr Leben wäre lebendiger, vielseitiger und aufregender. Dann tauchen vermutlich zunächst die vertrauten Ideen auf, die Abwechslung im Alltag versprechen: Urlaub machen, endlich den richtigen Mann oder die richtige Frau kennenzulernen, ein neues Auto kaufen, den Traumjob im Ausland antreten. Damit, so glauben viele, würde sich das Leben wieder abwechslungsreicher und lebendiger anfühlen. Aber abgesehen davon, dass sich all diese Dinge nicht ohne Weiteres ad hoc realisieren lassen – wenn man ehrlich zu sich selbst ist, weiß man, dass der Effekt nur für eine gewisse Zeit anhält. Auch das Neue wird irgendwann zum Gewohnten.

Man muss also an einer anderen Stelle ansetzen, um dauerhaft und verlässlich mehr Farbe ins Leben zu bringen. Sie wissen bestimmt schon, worauf ich jetzt hinaus will: Wenn Sie ernsthaft mehr Lebendigkeit und Schwung und Intensität im Leben haben wollen, können Sie nur bei sich selbst ansetzen! Alles andere folgt von allein. Es sind gar nicht unbedingt die großen Ereignisse, die dem Leben mehr Wert, Substanz und Qualität verleihen. Im Gegenteil, schon kleine, unspektakuläre Änderungen zeigen, wenn man sie bewusst oder auf ungewöhnliche Weise ausführt, eine merklich anregende Wirkung. Dazu möchte ich Ihnen ein paar Anregungen geben:

Übung: Aus dem Alltagstrott ausbrechen

Lesen Sie die nachfolgend aufgeführten Ideen durch und schauen Sie, was Sie spontan anspricht. Beginnen Sie mit der Idee, die Ihnen am besten gefällt. Verändern Sie Ihr alltägliches Drehbuch und setzen Sie die Idee in die Tat um. Tun Sie etwas, was Sie schon immer einmal tun wollten, bis jetzt aber nicht gewagt haben. Tun Sie etwas, was für Sie außergewöhnlich ist. Tun Sie Dinge, auf die Sie ganz einfach Lust haben!

> Tagesabläufe ungewohnt begehen: Verändern Sie Ihr Essverhalten. Gestalten Sie die Mahlzeiten und die Umgebung, in der Sie diese einnehmen, lust- und phantasievoll.

> Bewegung: Rennen und hüpfen Sie aus Freude an der Bewegung, Tanzen Sie, legen Sie unterschiedliche Musik auf und bewegen Sie sich danach, gehen Sie öfter mal rückwärts, springen Sie Trampolin.

> Legen Sie Pausen von Ihren Abhängigkeiten ein: Lassen Sie für einen Tag oder eine Woche den Fernseher, die Süßigkeiten, das abendliche Glas Alkohol, die Zigaretten, das Internet weg, ebenso die Musikberieselung und das Lamentieren.

> Sich besinnen: Nehmen Sie sich Zeit, die Natur oder Bilder bewusst zu sehen, Musik in Ruhe zu hören, Körperberührungen zu spüren, Gefühle wirklich zu fühlen.

> Soziale Unternehmungen: Laden Sie Freunde zum Essen ein, feiern Sie Feste, gehen Sie gemeinsam mit anderen Wandern, besuchen Sie kulturelle Veranstaltungen.

> Sinnlichkeit leben: Spüren Sie Sonne, Regen, Wind bewusst auf der Haut, laufen Sie barfuß, rollen Sie mal wieder eine Wiese hinunter, wie Sie es früher als Kind gemacht haben.

> Soziales Verhalten: Seien Sie anderen gegenüber spontan freundlich, verschenken Sie Komplimente, verschicken Sie Karten.

> Gefühle spontan zulassen: Lachen, Weinen, Lieben, Flirten, Wut zeigen.

> Äußere Veränderungen: Probieren Sie einen anderen Kleidungsstil, eine neue Frisur aus, verändern Sie die Wohnung oder den Garten.

Ich möchte dieses Kapitel mit einem Gedicht abschließen, das zum Ausdruck bringt, worum es beim spontanen Leben geht: Überwinden der Normen, Ausbrechen aus der alltäglichen Normalität, offen sein für das Unerwartete, das Leben genießen:

Wenn ich das Leben noch einmal leben könnte,
im nächsten Leben,
würde ich versuchen, mehr Fehler zu machen.
Ich würde nicht so perfekt sein wollen,
ich würde mich mehr entspannen.
Ich wäre ein bisschen verrückter, als ich gewesen bin,
ich würde viel weniger Dinge so ernst nehmen.
Ich würde nicht so gesund leben. Ich würde mehr riskieren,
würde mehr reisen, mehr Sonnenuntergänge betrachten,
mehr bergsteigen, mehr in Flüssen schwimmen.
Ich war einer dieser klugen Menschen,
die jede Minute ihres Lebens fruchtbar verbrachten.
Freilich hatte ich auch Momente der Freude,
aber wenn ich noch einmal anfangen könnte,
würde ich versuchen, nur mehr gute Augenblicke zu haben.
Falls du es noch nicht weißt,
aus diesen besteht nämlich das Leben.
Nur aus Augenblicken. Vergiss dabei nicht den jetzigen!
Wenn ich noch einmal leben könnte,
würde ich von Frühlingsbeginn an
bis in den Spätherbst hinein barfuß gehen.
Und ich würde mehr mit Kindern spielen,
wenn ich das Leben noch vor mir hätte …

Unbekannt

Aber sehen Sie … ich bin
85 Jahre alt und weiß,
dass ich bald sterben werde.

Jorge Luis Borges

4 Das Leben selbst in die Hand nehmen

Erwachsensein heißt:
aus der Abhängigkeit in die Unabhängigkeit zu gelangen,
von der Hilfe zur Selbsthilfe zu kommen,
von der Fremdbestimmung in die Selbstverantwortung zu gehen.
Nur wer gelernt hat, sein Leben in die eigene Hand zu nehmen,
ist eine Person – und das bedeutet:
sich trennen, erwachsen und vollständig werden, entscheiden.

Reinhard K. Sprenger[1]

Stellen Sie sich vor, Sie sitzen in einer Gesprächsrunde und wollen Ihre Meinung äußern, trauen sich aber nicht, weil Sie die Sorge haben, dass Ihr Beitrag von einigen Teilnehmern als unqualifiziert angesehen werden könnte. Oder Sie wollen Ihr neues, extravagantes Kleid anziehen, Sie bekommen ein attraktives Jobangebot, Sie wollen Ihrem Nachbarn mitteilen, dass Sie seine laute Musik stört etc. Doch Sie trauen sich nicht, sich hinzustellen und das zu tun, was Sie eigentlich richtig fänden. Eine innere Stimme hält Sie davon ab: »Das kannst du nicht machen! Was denken da die anderen! Du blamierst dich! Die anderen mögen dich dann nicht mehr und wenden sich von dir ab!« Hinter dieser Unsicherheit steckt Angst vor kritischen Bemerkungen und vor Bloßstellung.

Für viele Menschen stellen solche und ähnliche Situationen eine große Herausforderung dar. Sie müssen ihren ganzen Mut zusammennehmen, um für ihre Anliegen einzustehen oder sie tun dies erst gar nicht und verzichten. Wie gelingt es Ihnen,

---

1 Aus: Reinhard K. Sprenger: Die Entscheidung liegt bei Dir, Campus Verlag Frankfurt/New York, S. 77.

sich selbst zu ermutigen und sich für die eigenen Belange und Bedürfnisse einzusetzen? Trauen Sie sich, oder treten Sie öfter den Rückzug an und ziehen sich frustriert zurück? Oder gehören Sie zu den Menschen, die diese Probleme nicht kennen? Vielleicht besitzen Sie ja ein stabiles Selbstwertgefühl. Oder Sie haben Ihre Unsicherheiten so gut versteckt, dass Sie sie nur noch in besonderen Situationen wahrnehmen. Es ist in jedem Fall sehr aufschlussreich zu überprüfen, wie man mit sich selbst und anderen umgeht: ob man zu sich steht und sich für die eigenen Anliegen einsetzt, oder ob man sich nicht traut und auf vieles verzichtet.

Der Weg von der Fremdbestimmung zur Selbstbestimmung

In der Regel meinen es Eltern gut mit ihren Kindern. Sie wollen sie beschützen und auf den rechten Weg bringen, damit sie später einmal selbst für sich sorgen können. Wenn Eltern Grenzen setzen und ihr Kind z. B. im Straßenverkehr daran hindern, seinen Bewegungsdrang auszuleben, dann geschieht dies, um die Sicherheit des Kindes zu gewährleisten und es vor Schaden und unnötigem Schmerz zu bewahren. Darüber hinaus bringen sie den Kindern Regeln bei, wie sie sich in der Gesellschaft verhalten müssen, um akzeptiert und anerkannt zu werden. Durch diese Erziehung bekommen sie die notwendige Unterstützung für ihren Lebensweg.

Sie wissen aber vermutlich aus eigener Erfahrung, dass sich Eltern nicht immer geduldig und wertschätzend verhalten. Die an sich gut gemeinten Verbote, Regeln und Anweisungen sind unter Umständen mit einem abwertenden, ungeduldigen oder überheblichen Tonfall verbunden. Die verletzende Art und

Weise, *wie* etwas gesagt wird, löst aber beim kleinen Kind das Gefühl aus, in seiner ganzen Person abgewertet und missverstanden zu werden. Es fühlt sich alleine gelassen und hat Angst, die Liebe seiner Eltern zu verlieren. Dieses Gefühl kann schon früh dazu führen, dass Kinder sich nicht trauen, ihren eigenen Impulsen zu folgen.

Sich zu fügen ist nicht nur im Elternhaus ein zentrales Thema, sondern auch im Kindergarten und in der Schule. Und auch später im Erwachsenenalter wird es immer wieder darum gehen: Folge ich meinen eigenen Impulsen oder gehorche ich dem Chef, der Schwiegermutter oder anderen Autoritäten? Auch bei Erwachsenen spielt die Angst vor Liebesentzug eine ausschlaggebende Rolle, wenn Menschen sich nicht trauen, für ihre Anliegen einzutreten. Die Angst vor Ablehnung und Liebesentzug kann Menschen ihr Leben lang begleiten. Das Gefühl von Peinlichkeit, Bloßstellung und Scham, das sich einstellt, wenn man etwas »Falsches« sagt oder tut, ist eine Wiederholung der Angst des Kindes, sich nicht »richtig« zu verhalten: Die anderen könnten einen ja auslachen, mit einem nichts mehr zu tun haben wollen, einen dumm finden und sich schlussendlich sogar abwenden.

Wenn wir uns als Erwachsene nicht trauen, uns für die eigenen Anliegen einzusetzen, erleben wir einen Konflikt zwischen der erwachsenen Seite in uns, die tun will, was sie als richtig erkannt hat, und der kindlichen Seite, die sich nichts zutraut, weil sie Angst hat und sich schämt. Diese kindliche Seite steht dabei unter der »Herrschaft« der verinnerlichten Autoritätsstimme: »Du kannst das nicht! Das gehört sich nicht! Das ist nichts für dich!« Normalerweise erleben wir diese Stimme nicht bewusst. Stattdessen spüren wir Gefühle des Unwohlseins, der Demütigung oder der Furcht.

Oft wird die innere Autoritätsstimme durch andere Personen wachgerufen. Das war beim 38-jährigen Stefan der Fall, dem es schwer fiel, seinem Chef gegenüber eine eigene Meinung zu vertreten. Er war begabt, intelligent und in seinem Job als Informatiker gut. Doch jedes Mal, wenn er sich im Gespräch mit seinem Vorgesetzten befand, verließ ihn der Mut, er fühlte sich klein, unsicher und unterlegen. Seinen Chef dagegen erlebte er als sehr dominant. Darunter litt schließlich sogar die Qualität seiner Arbeit. In unseren psychotherapeutischen Sitzungen wurde deutlich, dass die Art und Weise, wie sich der Chef hinstellte und Stefan anschaute, Stefan an seinen Vater erinnerte. Auch ihm gegenüber hatte Stefan sich immer unsicher erlebt. Der Vater hatte ihm ständig vermittelt, dass er bessere Leistungen von seinem Sohn erwartete. Stefan litt in seiner Kindheit unter dem Lebensgefühl, nie gut genug zu sein, egal, welche Leistungen er erbrachte. Er hatte aber gelernt, sich anzustrengen, aus Angst, sein Vater könnte sich vollkommen von ihm abwenden. Wenn Stefan jetzt als Erwachsener mit seinem Vorgesetzten im Gespräch war, hörte er wieder die verinnerlichte Stimme seines Vaters: »Du bist nicht gut genug! Streng dich mehr an!« Nach jedem Arbeitsgespräch mit dem Chef war er sehr deprimiert und machte sich noch dazu Vorwürfe, nicht selbstbewusst genug aufgetreten zu sein. Im Verlauf der Psychotherapie wurde es für Stefan möglich, die innere Vaterstimme immer deutlicher zu erkennen und sich nach und nach von ihr zu distanzieren. Er lernte, sich von der unbewussten Macht der Vaterautorität zu befreien und seinen eigenen Gefühlen zu vertrauen. Dadurch konnte er schließlich seinen Chef so sehen, wie er war, und als Erwachsener selbstbewusst mit ihm verhandeln.

Wie das soziale Gewissen entsteht

Viele Verhaltensregeln, die ein Kind von Autoritätspersonen übernimmt, kann es durchaus verstehen und mit sich selbst verbinden. Es kann sie sozusagen »verdauen« und sich zu eigen machen. Das ist immer dann der Fall, wenn es nachvollziehen kann, dass die Vorschriften eine Berechtigung haben und ihm selbst guttun. Allerdings müssen viele Kinder im Laufe ihres Heranwachsens auch Ge- und Verbote akzeptieren, die gegen ihre Bedürfnisse gerichtet sind und die sie nicht nachvollziehen können. Solche Verhaltensregeln sind »unverdaubar«. Wenn sich ein Kind beispielsweise nie körperlich austoben darf, weil seine Eltern sehr ängstlich sind und ständig Sorge haben, es könnte sich verletzen, kann dies eine leidvolle Einschränkung bedeuten. Wenn Eltern sich ohne Verständnis für die Lernschwierigkeiten ihres Kindes abwertend über seine Schulleistungen äußern und immer wieder verlangen, es solle sich mehr anstrengen, übernimmt das Kind zwar das Gebot »Streng dich an!«, kann es aber nicht in die eigene Seele integrieren.

Aus den verinnerlichten Normen und Verboten der Eltern und anderer Bezugspersonen bildet sich unser soziales Gewissen. Diese innere Gewissensinstanz wird auch als »Mama-Papa-Ich«, »Eltern-Ich« oder »Über-Ich« bezeichnet. Das Schwierige ist, dass wir als Erwachsene vergessen haben, dass die Gebote und Verbote der Eltern von außen kamen. Wir haben sie im Laufe der Zeit so verinnerlicht, dass sie unsere eigenen Maßstäbe sind, an denen wir unser Handeln orientieren. Wir bemerken es als Erwachsene normalerweise nicht, wenn unser Eltern-Ich die Herrschaft übernimmt und wir unser Verhalten danach ausrichten und unsere eigenen Gedanken und Gefühle ignorieren oder nicht ernst nehmen. Auf diese Weise sind wir auch als Erwachsene durch die Autoritätspersonen unserer Kindheit fremdbestimmt.

Wenn wir Angst vor Beschämung erleben und uns nicht trauen, etwas Bestimmtes zu tun, schränken diese inneren Autoritäten unsere Lebendigkeit ein. Wenn es uns aber gelingt, sie in die Schranken zu weisen und selbst über unser Handeln zu entscheiden, treten wir aus dem Schatten der Eltern heraus und übernehmen die Verantwortung für das eigene Leben.

Sich von der Macht der inneren Autoritäten befreien

Wenn Sie sich von den hemmenden Anteilen der verinnerlichten Autoritäten befreien wollen, ist es wichtig, dass Sie sie zunächst bewusst wahrnehmen. Denn solange sie unbewusst wirken, identifizieren Sie sich mit ihnen. Sie sind wahrscheinlich sogar der Überzeugung, dass es Ihre eigenen Gedanken sind, die Sie denken. Weil das so ist, mögen Ihnen die im Folgenden beschriebenen Übungen vielleicht erst einmal irritierend erscheinen. Sie sollen Ihnen aber dabei helfen, sich von wenig sinnvollen verinnerlichten Regeln und Normen zu distanzieren, damit Sie als erwachsene Person entscheiden können, ob sie diesen Regeln folgen wollen oder nicht.

An Ihrem körperlichen, emotionalen und geistigen Befinden können Sie erkennen, ob Ihre urteilenden inneren Stimmen, die so oft die eigene Lebendigkeit einschränken, aktiv sind. Sollten Sie wahrnehmen, dass Sie sich niedergeschlagen, schwach, angespannt, nervös, frustriert, depressiv oder blockiert fühlen, können Sie sich fragen, mit welchen Botschaften Sie sich identifizieren. Vielleicht werten Sie sich gerade selbst ab und vergleichen sich mit anderen, und die daraus resultierenden Urteile und Gefühle engen Ihre Ausdrucksmöglichkeiten erheblich ein, hemmen die eigene Lebendigkeit und vermindern das Selbstwertgefühl. Sie handeln nicht frei nach eigenen Maßstäben, sondern nach denen der verinnerlichten Autoritätsstimmen.

In der Regel laufen solche Selbstbeurteilungen unbewusst in uns ab. Weil wir uns mit ihnen vollkommen identifizieren, werden sie als Wahrheit erlebt. Es sind die persönlichen Glaubenssätze, die jeder von uns im Laufe der Kindheit übernommen hat. Ich möchte Sie zu dazu einladen, in einer Selbstreflexion typischen Botschaften Ihrer verinnerlichten Autoritäten auf die Spur zu kommen.

Was sagt Ihre verinnerlichte Autoritätsstimme?

Schauen Sie auf Ihr Verhalten in verschiedenen Lebensbereichen: Familie oder Partnerschaft, Freunde, Arbeit, Freizeit. Wählen Sie eine Situation aus, in der Sie gerne etwas getan hätten, aber Ihrem Handlungsimpuls nicht gefolgt sind und sich hinterher frustriert, gehemmt, deprimiert oder ärgerlich gefühlt haben. Was hat Sie davon abgehalten, Ihrem Impuls zu folgen? Welche Botschaften haben Sie in dieser Situation von Ihrer inneren Autoritätsstimme gehört? Ich möchte Ihnen einige typische Beispiele nennen, die nicht unbedingt genau auf Sie zutreffen müssen, die Ihnen aber einige Richtungen zeigen können:

> Sich selbst in einer negativen Weise beurteilen: Lass das, Du bist nicht gut genug!

> Sich selbst wie von einem Richter aburteilen: Du bekommst überhaupt nichts auf die Reihe! Du bist eine Versagerin!

> Sich mit anderen vergleichen und sich dabei abwerten: Die anderen können das viel besser! Lass das, du blamierst dich! Die anderen werden dich ziemlich doof finden, wenn du das machst!

> Sich nicht ernst nehmen: Stell dich nicht so an!

> Sich nichts zutrauen: Streng dich nicht zu sehr an! Du musst dich schonen!

> Sich selbst zu Höchstleistungen antreiben: Du musst dich mehr anstrengen, sonst blamierst du dich!

Sind Sie fündig geworden? Konnten Sie die innere Stimme hören, die Ihnen unerbetene Ratschläge, Kommentare oder auch Befehle gibt und Ihnen ins Ohr flüstert, was Sie tun und lassen sollen? Die Wahrnehmung dieser unbemerkt wirkenden inneren Autoritätsstimme ist ein zentraler Ansatzpunkt, um sein Leben selbstbestimmt führen zu können.

Spüren Sie bei diesen Überlegungen auch Ihren körperlichen und emotionalen Reaktion nach: Wie fühlen Sie sich, wenn Sie diese innere Stimme hören?

Sich von inneren Autoritäten distanzieren

Wenn man erst einmal wahrnimmt, wie das persönliche, alltägliche Verhalten durch verinnerlichte Normen bestimmt wird, kann das Niedergeschlagenheit oder auch Wut aufkommen lassen, weil es die persönliche Ausdrucksfähigkeit enorm einschränkt. Deshalb ist es wichtig, sich klar von diesen inneren Stimmen zu distanzieren: »Das bin nicht ich! Ich habe das in meiner Kindheit übernommen, aber ob es heute noch für mich gelten soll, will ich als erwachsene Person überprüfen! Ich bestimme mein Verhalten, und nicht meine inneren Autoritäten.«

Wenn Sie eine Ahnung davon bekommen haben, wie sich Ihre verinnerlichten Autoritäten anfühlen, z. B. hart, fordernd, zynisch, arrogant oder aggressiv, versuchen Sie einmal, sie kreativ auszudrücken. Denn je klarer Sie diese fremdbestimmende Kraft spüren, desto eher haben Sie eine Chance, sich frühzeitig von ihr zu distanzieren.

Genauso verhält es sich aber auch mit den selbstbestimmenden Kräften in uns: Auch diese gilt es wahrzunehmen! Diesen

Prozess der Wahrnehmung kann die nachfolgende Übung unterstützen:

Übung: Selbstbestimmung und Fremdbestimmung
in der Phantasie ausmalen

Schön ist es, wenn Sie diese Übung mit Farben auf Papier ausführen können. Sollten Sie dazu keine Gelegenheit finden, können Sie sich die Bilder auch in Ihrer Phantasie ausmalen.

Falten Sie ein großes Blatt Papier in zwei Teile.

> Drücken Sie auf der rechten Papierhälfte zuerst mit einfachen Farben und Formen aus, wie Sie sich als erwachsene, selbstbewusste Person erleben. Welche Farben und Formen kommen Ihnen in den Sinn, wenn Sie sich als autonome und selbstverantwortlich handelnde Person vorstellen?

> Malen Sie dann auf der linken Seite, wie Sie Ihre einengende und kritisierende innere Autoritätsstimme erleben. Welche Farben und Formen passen dazu?

> Finden Sie eine passende Bildunterschrift für beide Seiten. Wenn Sie Ihr inneres oder reales Bild beendet haben, spüren Sie Ihren Körperempfindungen nach. Wie fühlen Sie sich?

Die verinnerlichten Autoritätsstimmen in der eigenen Seele wahrzunehmen und sich von ihnen zu distanzieren ist Voraussetzung dafür, sich von ihrer Macht zu befreien. Eine Klientin von mir hatte immer große Probleme, wenn sie an ihrem Arbeitsplatz Vorträge halten sollte. Schon bei der Vorbereitung fühlte sie sich regelmäßig blockiert und sehr unsicher. Ihre innere Stimme sagte: »Du musst das viel besser machen als letztes Mal! Der Kollegin wirst du nie das Wasser reichen können! Wenn du so weitermachst, schaffst du deine Vorbereitungen niemals rechtzeitig! Du kannst dir keine Entspannung zwischendurch erlauben!« Wenn sie den Vortrag fertig vorbereitet hatte, kam erneut eine innere Attacke: »Was du da geschrieben hast, ist nicht fundiert genug, originell ist es auf keinen Fall!« Kurz vor dem Vortragstermin war sie dann derartig frustriert und voller innerer Anspannung und Angst, dass sie nahe daran war, sich krankzumelden. Nach dem Vortrag, der jedes Mal zur vollen Zufriedenheit der Zuhörer ausfiel, fand sie trotzdem immer noch etwas, was sie hätte besser machen können. Das, was sie geleistet hatte, konnte sie nicht würdigen. Sie hatte mit einer sehr rigiden, harten verinnerlichten Elternstimme zu kämpfen. Ihre Eltern waren sehr streng, kritisch und fordernd gewesen. Nichts von dem, was die Tochter leistete, entsprach ihren Anforderungen.

Die inneren Autoritäten entmachten

Vielleicht ist diese Fallbeschreibung eine Anregung für Sie, herauszufinden, in welcher Weise *Sie* sich blockieren. Denn es geht darum, diese verinnerlichten Autoritätsinstanzen bewusst zu erkennen und zu entmachten. Je besser das gelingt, desto mehr werden die darin gebundenen Kräfte frei und stehen dem eigenen autonomen Handeln zur Verfügung. Es gibt verschiedene Möglichkeiten, mit Ihrem inneren Kritiker oder Richter umzugehen und sich gegen ihn zu verteidigen. Byron Brown gibt in seinem Buch »Die Befreiung vom inneren Richter« dazu zahlreiche Anregungen. In dem Rollenspiel, das ich Ihnen nun vorstellen möchte, können Sie einige Ansätze ausprobieren.

Übung: Die inneren Autoritätsstimmen in die Schranken weisen

Stellen Sie sich Ihre innere Autoritätsstimme bildhaft vor und machen Sie sich klar, welche drei Standardsätze Sie immer wieder zu hören bekommen. Hören Sie auch den Tonfall und die Art und Weise, wie diese Stimme spricht. Ich nenne Ihnen drei typische Sätze. Es geht aber darum, dass Sie Ihre besonderen Sätze hören:

1. Standardsatz: »Das schaffst du nie!« (arrogant, zynisch)
2. Standardsatz: »Lass das. Du blamierst dich!« (besorgt)
3. Standardsatz: »Streng dich an, sonst nimmt dich keiner ernst!« (antreibend)

Was fühlen Sie, wenn Sie diese Sätze innerlich hören? Sind es auch Ihre Sätze? Was sind Ihre Standardsätze?

Sprechen Sie jetzt diese Sätze mit der bestimmten Haltung und mit dem speziellen Tonfall laut aus und spüren Sie dabei die Kraft und die Macht, die diese innere Autoritätsstimme besitzt. Wenn Sie können, übertreiben Sie diese Stimme, machen Sie eine Rolle daraus und sprechen Sie improvisierend, was diese Stimme sonst noch so von sich gibt. Erforschen Sie auf diese spielerische Weise das Potenzial dieser inneren Stimme. Möglicherweise werden Sie dabei erfahren, welches Einflussvermögen diese innere Autoritätsinstanz besitzt.

Machen Sie sich dann bewusst, dass Ihr erwachsenes Ich nicht identisch ist mit dieser inneren Stimme. Spüren Sie Ihre Füße auf dem Boden, Ihre Aufrichtungskraft und Ihren Atem. Spüren Sie Ihre Präsenz. Und spüren Sie dabei die Kraft der Selbstbestimmung. Sie können dazu den Blick auf die innere Autoritätsstimme lenken und den Satz denken und sprechen: »Ich bestimme mich selbst! Ich lasse mir von dir nicht vorschreiben, was ich tun soll!« Wenn Sie dabei Ärger und Wut über die Dominanz dieser inneren Autoritätsstimme empfinden, dann stellen Sie sich hin, stampfen Sie mit einem Fuß auf und sagen Sie laut: »Stopp mit Deinen Attacken! Hör auf damit!«

Es gibt natürlich auch andere Reaktionsformen. Probieren Sie verschiedene Varianten aus.

Wenn Sie laut und emotional sprechen, hat das eine größere Wirkung auf Ihr Erleben.

Wie fühlen Sie sich jetzt?

Es kann sein, dass Sie ein schlechtes Gewissen haben. Das ist ganz normal, denn die Macht dieser verinnerlichten Autoritäten beruht darauf, uns ein schlechtes Gewissen zu machen! Halten Sie das aus, denn Autonomie ist nur möglich, wenn man sich von den Autoritäten ablöst.

Das eigentliche »Trauen« besteht darin, sich die eigene Verunsicherung, ich könnte abgelehnt, nicht geliebt werden, einzugestehen und die damit zusammenhängenden Gefühle der Angst auszuhalten. Wer nicht lernt, mit diesen schmerzenden Seiten in der eigenen Seele umzugehen, der muss aus Gründen der Angstabwehr auf vieles verzichten. Die Erfahrung zeigt allerdings, dass sich diese Ängste auflösen lassen, denn sie bilden sich aufgrund von frühkindlich entwickelten Annahmen und Phantasien, die bei einer ernsthaften Überprüfung im Erwachsenenleben selten eintritt: Der Partner, der Freund, der Chef … »verlassen« mich nicht, wenn ich mich in einer erwachsenen Weise für meine Anliegen einsetze.

Man muss akzeptieren, dass die andere Person eine gegensätzliche Meinung vertreten kann, und ein Konflikt entstehen kann, den man sich traut auszuhalten.

Sollte der Konflikt auch zu einer Trennung führen, heute als erwachsene Person, würde man diesen Schmerz »überleben«.

Das Wichtigste aber ist, dass Sie Verständnis und Mitgefühl für sich selbst entwickeln und sich nicht auch noch dafür verurteilen, dass Sie nicht souveräner mit der Situation umgehen können.

Sie können auch versuchen, Ihre Empfindungen durch Bewegung zu erforschen. Ich erlebe immer wieder, wie Klienten, die ihre inneren Konflikte auf kreative Weise zum Ausdruck gebracht haben, diese unmittelbaren Erfahrungen so gut in Erinnerung behalten, dass das zu positiven Verhaltensänderungen führt. Ich möchte Sie zu einer tänzerischen Erkundung Ihrer dominanten inneren Autoritätsstimme, Ihres folgsamen inneren Kindes und Ihrer selbstbestimmten Seite anregen.

Übung: Sich frei tanzen von inneren Bindungen!
Legen Sie Trommelmusik auf und tanzen Sie sich zunächst ein.

Machen Sie sich dann die Art und Weise bewusst, wie Ihre innere Autoritätsstimme Sie beurteilt, antreibt oder ermahnt. Versuchen Sie dabei auch zu spüren, wie Ihre brave und angepasste Seite folgsam darauf reagiert. Und spüren Sie Ihre erwachsene Seite, die sich unabhängig von dieser inneren Autorität selbst bestimmen will. Nun geht es darum, diese drei Seelenanteile tänzerisch zum Ausdruck zu bringen:

> Bewegen Sie sich so, als ob Sie diese Autoritätsstimme wären. Drücken Sie sie durch Gebärden und Bewegungen aus, und wenn es Ihnen danach ist, dann sprechen Sie einzelne Beurteilungs- oder Antreibersätze laut aus. Spüren Sie dabei die Kraft, die in diesem Urteilen und Antreiben steckt.

> Wechseln Sie dann die Rolle und drücken Sie tänzerisch die Seite aus, die von der aggressiven Urteils- und Antreiberstimme attackiert wird. Tanzen Sie die Angst und Unsicherheit, die Hilflosigkeit und auch das brave Sich-Anpassen.

> Versuchen Sie dann, Ihr erwachsenes Ich zu fühlen und tänzerisch auszudrücken. Trauen Sie sich, sich zu lösen von den inneren Autoritäten und auch von dem verunsicherten inneren Kind. Tanzen Sie Ihren Tanz, befreien Sie sich von einengenden Bindungen.

> Setzen oder legen Sie sich ruhig hin und lassen Sie die Erlebnisse nachklingen. Vielleicht können Sie auch einiges davon in Ihrem Tagebuch notieren.

Vielleicht haben Sie bei der tänzerischen Übung bemerkt, dass die Energie, die in der aburteilenden inneren Autoritätsseite steckt, Ihrem autonomen Ich zur Verfügung steht, wenn Sie sich auf Ihre eigenen Füße stellen. Und das ist der springende Punkt, um den es geht! Wenn Sie einmal in eine Situation kommen, in der Sie nicht auf sich selbst, sondern in Wahrheit auf die verinnerlichte Autoritätsstimme hören, dann können Sie sich an diesen Tanz erinnern. Trauen Sie sich, auf Ihren eigenen Füßen zu stehen, mit Ihren eigenen Augen zu schauen und mit Ihrem eigenen Kopf zu denken. Sie brauchen das verinnerlichte »Mama-Papa-Ich« nicht mehr. Sie sind selbstständig und erwachsen und können Ihr Leben selbst in die Hand nehmen.

Machtspiele in Beziehungen beenden

Sich über andere stellen

Das Machtspiel in unserer eigenen Seele, bei dem es darum geht, ob die verinnerlichte Elternstimme, das fügsame innere Kind oder die erwachsene Seite zur Geltung kommt, wiederholt sich auch in sozialen Beziehungen. Denn der innere Antreiber, Richter und Kritiker beurteilt nicht nur das eigene Verhalten, sondern auch das der anderen. Dadurch stellt er sich über sie und macht die anderen klein. Und wenn wir mit der verinnerlichten Autoritätsstimme identifiziert sind, lassen wir uns zu überheblichem, schulmeisterlichem und kritisierendem Verhalten hinreißen:

> Du hast schon wieder nicht die Wohnung aufgeräumt!
> Was hast du denn heute für ein Hemd an?
> Du hast doch nur deine Arbeit im Kopf!
> Streng dich endlich an!
> Pass auf, dass du dich nicht übernimmst!

> Du kannst ja nie pünktlich sein!
> Pass auf, dass du nicht krank wirst!

Was auch immer es sein mag: Der oder die anderen sind in den Augen des inneren Kritikers nicht in Ordnung, so wie man selbst von ihm auch oft nicht in Ordnung gefunden wird. Mir geht es an dieser Stelle nicht darum, dass Sie mit allem einverstanden sein sollen, was andere tun. Das Entscheidende ist, welche seelische Instanz in Ihnen reagiert: Sind Sie es als erwachsene Person oder ist es die verinnerlichte Autoritätsstimme? Die erwachsene Person kann Kritik so anbringen, dass sie sich auf gleicher Augenhöhe mit den Gesprächspartnern befindet und dass sich die andere Person nicht klein und hilflos fühlen muss. Die innere Autoritätsstimme stellt sich immer über die anderen.

Wie kritisiere ich andere?

Stellen Sie sich eine Situation vor, in der Sie sehr unzufrieden mit dem Verhalten Ihres Partners oder Ihrer Partnerin waren.
> Welche Sätze drängten sich Ihnen auf?
> Was sagten Sie zu ihm / ihr, welche Worte wählten Sie? In welchem Tonfall sprachen Sie mit ihm / ihr?

Wenn Sie sich eine oder auch mehrere solcher Situationen vergegenwärtigt haben, überprüfen Sie, ob Ihr Verhalten gegenüber Ihrem Partner dem ähnelt, wie ihre Eltern mit Ihnen umgegangen sind, wenn sie mit Ihrem Verhalten nicht einverstanden waren.

Klein gemacht werden

Es kann auch vorkommen, dass Sie von anderen kritisiert und »klein gemacht« werden. Schauen Sie auch diesbezüglich Ihr Verhalten einmal genauer an:

Wie reagieren Sie auf Kritik?

Erinnern Sie sich an Situationen, in denen Sie von Ihrem Partner oder von anderen Menschen kritisiert wurden.

> Wie haben Sie sich dabei gefühlt? Klein, verletzt, unsicher, wütend?

> Wie haben Sie reagiert? Haben Sie sich verteidigt? Sind Sie zum Gegenangriff übergegangen oder haben Sie sich zurückgezogen? Oder haben Sie den Angriff Ihres Gegenübers nicht an sich herangelassen und sich und dem anderen vorgespielt, dass die Kritik Ihnen gar nichts ausmacht?

> Erinnern Sie sich daran, wie Sie sich als kleines Kind gefühlt haben, wenn Sie von Autoritäten zurechtgewiesen wurden. Können Sie in Ihrem heutigen Verhalten ähnliche Reaktionen feststellen?

Wenn Sie mögen, schreiben Sie Ihre Erkenntnisse auf.

Verhaltensmuster in Konfliktsituationen

Viele soziale Konflikte hängen mit Machtspielen zusammen, bei denen es darum geht, wer die Oberhand behält und wer klein beigibt. Und jeder hat in der Kindheit gelernt, ob das Leben mit weniger unangenehmen Gefühlen verbunden ist, wenn man klein beigibt oder wenn man sich wehrt und die Oberhand behält. Man kann die beiden Typen auch als »Falken« bezeichnen, die aggressiv um ihre Anliegen kämpfen oder als »Tauben«, die um des lieben Friedens willen eher nachgeben. Wie ist Ihre vorherrschende Verhaltensweise in sozialen Konfliktsituationen?

Bin ich ein Falke oder eine Taube?

Wie verhalten Sie sich, wenn Sie sich von anderen Menschen gekränkt oder verletzt fühlen?

> Drücken Sie Ihren Ärger deutlich aus oder »rasten« Sie manchmal sogar aus?
> Schlucken Sie Ihren Unmut und Ihren Ärger häufig herunter und sind vielleicht beleidigt oder missgestimmt, vermeiden jedoch die direkte Auseinandersetzung?

Möglicherweise verhalten Sie sich in Arbeitszusammenhängen und in privaten Beziehungen unterschiedlich. Um herauszufinden, welche Prägungen Sie in der Kindheit erfahren haben, können Sie sich auch fragen:

> Wie habe ich mich meinen Eltern und anderen Autoritätspersonen gegenüber verhalten: War ich eher folgsam und angepasst oder habe ich mich auch deutlich widersetzt?
> Wie habe ich mich im Kindergarten oder in der Schule verhalten, wenn Streit entstand? Habe ich eher nachgegeben oder mich eher durchgesetzt?

Die Auseinandersetzung mit verinnerlichten Autoritäten ist nicht einfach. Sich bewusst zu machen, wie man sich selbst und andere Menschen behandelt, kann eine schmerzliche Erkenntnis sein. Es kann sein, dass Sie Empörung und Wut gegenüber der dominanten inneren Autoritätsstimme verspüren und dass in Ihnen ein starkes Bedürfnis aufsteigt, endlich das zu sagen und zu tun, was Sie wirklich fühlen. Nutzen Sie die Kraft, die in der Wut liegt, um sich mutig für sich selbst einzusetzen und sich auf die eigenen Füße zu stellen.

Wahrscheinlich werden Sie immer wieder auch der Versuchung erliegen, dass ja Ihre innere Stimme Recht hat mit ihren Urteilen. Fallen Sie nicht darauf herein! Es geht nicht darum, ob die innere Stimme Recht hat, sondern *wer* spricht und *wer* sich verantwortlich fühlt: Sie oder Ihr Mama-Papa-Ich? Wichtig ist meiner Erfahrung nach, dass Sie sich mit dieser Stimme auseinandersetzen und sie hinterfragen. Dann können Sie das, was Sie für richtig und gut erachten, beibehalten und sich zugleich von Botschaften befreien, die Sie belasten. Sie haben in jedem Moment die Wahl, Ihr Leben selbst in die Hand zu nehmen. Trauen Sie sich!

5 Stressenergie konstruktiv nutzen

Lauf' nicht, geh' langsam:
Du musst nur auf dich zugehn!

Geh' langsam, lauf' nicht,
denn das Kind deines Ich, das ewig
neugeborene,
kann dir nicht folgen!

Juan Ramón Jiménez[1]

Es ist Montag früh, Markus hat gerade noch im Stehen die Tasse Kaffee zu Ende getrunken, einen kurzen Blick auf seinen bis zum Anschlag vollen Terminkalender für diesen Tag geworfen und hastet dann zum Auto, als er in letzter Minute feststellt, dass er seine Aktenmappe auf dem Küchentisch vergessen hat. Als er endlich – natürlich viel zu spät – im Auto sitzt, klingelt prompt sein Handy. Der lang ersehnte Handwerker ist am Apparat. Ob es denn passend wäre, wenn er morgen früh um 7:00 Uhr käme? Beinahe wäre Markus bei Rot über die Kreuzung gefahren. Als er abgehetzt im Büro ankommt, wartet die Sekretärin schon mit einem Packen von Unterlagen, die schnell zu bearbeiten sind und ein wichtiger Anruf sollte auch sofort erledigt werden. Zwischendurch erinnert seine Frau ihn per SMS daran, dass er doch bitte den Geburtstag seiner Mutter nicht vergessen und deshalb heute Abend ausnahmsweise früher vom Büro nach Hause kommen solle. Die dreistündige Konferenz, deren Leitung Markus übernommen hat, beginnt in wenigen Minuten. Der Tag von

1 Aus: Juan Ramón Jiménez: Herz, stirb oder singe. Aus dem Spanischen von Hans Leopold Davi, Copyright © 1977 Diogenes Verlag AG Zürich.

Markus hat erst begonnen und ist noch lange nicht zu Ende. Ganz zu schweigen von den vielen Terminen, Aufträgen und Verpflichtungen, die in den nächsten Tagen und Wochen noch auf ihn warten.

Markus ist im Stress wie so viele Menschen. Ob er darunter leidet oder sich wie bei einem sportlichen Wettkampf zwar angespannt, aber innerlich gut dabei fühlt, wenn er so viel leisten kann, hängt von verschiedenen Faktoren ab. Denn in Stresssituationen wird eine machtvolle Energie in unserem Körper und in unserer Seele aktiviert, die sowohl zu Höchstleistungen motivieren als auch zu krank machendem Verhalten führen kann. Wer lernt, diese Energie konstruktiv zu nutzen, der kann ein Leben auf hohem Energieniveau führen, ohne dabei krank zu werden. Bewusstheit, bzw. Achtsamkeit spielen dabei eine entscheidende Rolle. Ich möchte Ihnen dazu einige Anregungen geben.

Wie entsteht Stress?

Es gibt Zeiten im Leben, in denen Sie sich wohl und sicher fühlen. Im Beruf läuft alles zufriedenstellend. Die Arbeit geht Ihnen leicht von der Hand. Ihre Partnerschaft ist im grünen Bereich. Die Kinder sind gesund und bringen gute Noten aus der Schule mit nach Hause. Es bleibt ausreichend Zeit, Ihren Hobbys nachzugehen. Zwischendurch können Sie sogar in Ruhe eine Tasse Kaffee genießen. Sie befinden sich in einem sicheren Bereich, in der Sicherheitszone.

Im Alltag gibt es aber oft auch unerwartete Situationen, die zu bewältigen sind. So kann es beispielsweise passieren, dass Sie morgens an Ihren Arbeitsplatz kommen und Ihr Kollege ist krank gemeldet. Für Sie bedeutet dies Mehrarbeit, die sich wiederum auf Ihre Tagesplanung auswirkt. Sie müssen sich mehr anstrengen. Solange sich das in einem überschaubaren Rahmen hält, ist es jedoch meist kein Problem. Das kann sich aber ändern, wenn etwa eine umfassende berufliche Veränderung auf Sie zukommt. Sie haben sich diese Veränderung zwar gewünscht und Ihrer Firma die Bereitschaft signalisiert, eine anspruchsvollere Position einzunehmen. Nun aber, wo es soweit ist, spüren Sie plötzlich doch Angst in sich aufsteigen. Die Sicherheit, die Sie zuvor im Alltag hatten, weicht einer Verunsicherung, und Sie fragen sich, ob Sie den neuen Aufgaben überhaupt gewachsen sind. Aber immerhin – nachdem Sie sich in die neue Arbeitssituation ausreichend eingelebt haben, spüren Sie, wie sich Ihr Selbstvertrauen wieder stabilisiert. Sie sind zuversichtlich, dass Sie die Herausforderung bewältigen können, wenn Sie sich nur genügend anstrengen. Sie sind ja schließlich sehr motiviert und gehen mit Elan und Begeisterung Ihre neuen Aufgaben an. Wo in den Wochen vor der Beförderung eher angenehme Ruhe und Entspannung war, erleben Sie nun ein prickelndes, angeregtes Lebensgefühl, und dank Ihrer Energie können Sie in kurzer Zeit eine große Menge anspruchsvoller Aufgaben bewältigen. Sie befinden sich in der Herausforderungszone und erleben positiven Stress, den man auch »Eu-Stress« nennt.

Nach und nach aber müssen Sie immer öfter Abstriche an Ihrer Freizeit machen. Sie gehen nicht mehr regelmäßig ins Fitnessstudio und für die Tasse Kaffee zwischendurch bleibt auch keine Zeit mehr. Partnerschaft, Kinder und Haushalt leiden unter Ihrer angespannten Situation. Wenn Sie ehrlich mit sich sind, dann spüren Sie: Es ist zuviel für mich! Ich schaffe das nicht! Sie fühlen sich überfordert und wissen überhaupt nicht mehr, welche der vielen Aufgaben Sie zuerst erledigen sollen. Sie spüren, dass Sie nichts und niemandem mehr gerecht werden können – sich selbst schon gar nicht. Nun haben nicht mehr Sie Ihr Leben im Griff, sondern die äußeren Umstände beherrschen Sie. Sie befinden sich in der Überforderungszone, in der Stresszone.

Vermutlich kennen Sie die Sicherheits-, die Herausforderungs- und die Überforderungszone aus eigener Erfahrung gut. Ich möchte Sie dazu anregen, Ihre momentanen Lebensumstände anzuschauen und zu überprüfen, in welcher Zone Sie sich befinden:

Meine Sicherheits-, Herausforderungs- und Überforderungsbereiche

Schauen Sie auf den Kontakt mit wichtigen Beziehungspersonen und auf Ihre Arbeitssituation und fragen Sie sich dabei:

> Sicherheitszone: In welchen Situationen fühle ich mich vertraut, geborgen, wohl und entspannt?
> Herausforderungszone: In welchen Situationen fühle ich mich interessiert und motiviert zu engagiertem Einsatz?
> Überforderungszone: In welchen Situationen fühle ich mich unwohl, bedrückt, überlastet oder allzu angespannt?

Sie können sich auch im Alltag immer wieder fragen: In welcher Zone befinde ich mich gerade? Denn ein Hauptproblem im Umgang mit Stress ist, dass wir oft viel zu spät bemerken, dass wir uns in der Überforderungs- bzw. Stresszone befinden.

Woher wissen wir denn, ob für uns eine Situation sicher, herausfordernd oder überfordernd ist? In jedem Moment überprüfen wir alle uns begegnenden Situationen daraufhin, ob sie für uns gefährlich sind oder nicht, ob wir uns den jeweiligen Anforderungen und Aufgaben, denen wir gegenüberstehen, gewachsen fühlen. Ein inneres Gespür signalisiert uns: Es ist alles gut, du kannst dich entspannen! Oder: Achtung Gefahr, du musst dich anstrengen! Gerade in sozialen Gruppierungen, in denen man das Gefühl hat, nicht anerkannt zu sein und nicht dazuzugehören, kann das Gefühl auftauchen: Achtung Gefahr, du musst um deine Sicherheit, dein »Überleben« kämpfen! In Überforderungssituationen kann man gut beobachten, wann Gefühle der Hilflosigkeit und Ohnmacht auftauchen und die Situation plötzlich als Bedrohung und Gefahr erlebt wird. In dem Moment, wo das geschieht, schrillen im Inneren die Alarmglocken und wir werden hellwach, um der Gefahr zu begegnen. Das ist der Auslöser für die Stressreaktion, bzw. für den Eintritt in die Überforderungszone. Im Erleben geht es jetzt um alles oder nichts: Wir haben das Gefühl, entweder die Gefahr zu meistern oder aber unterzugehen. Unser Organismus macht sich bereit zum Kampf: Die Stressreaktion wird aktiviert.

Diese Stress- bzw. Notfallreaktion wird im Gehirn und über die Nebenniere hormonell gesteuert. Der sogenannte »Adrenalinstoß« ist ein Teil von ihr. Dadurch wird der gesamte Körper für den Kampf ums Überleben fit gemacht: Das Herz schlägt schneller, die Muskeln werden angespannt, Schweiß bricht aus und die Atmung verstärkt sich. Diese physiologischen Vorgänge spielen sich bei Mensch und Tier gleichermaßen ab. Das heißt, dieselben Energien, die ein Tier beim Kampf antreiben, treiben auch den Menschen an, wenn die Stressreaktion einsetzt.

Auch das Selbsterleben verändert sich. Einerseits steht das Gefühl am Anfang, das eigene Leben nicht mehr in der Hand zu haben, ohnmächtig und durch die äußeren Umstände fremdbestimmt zu sein. Die Selbststeuerung geht verloren. Andererseits werden durch die Stressreaktion kämpferische Energien geweckt, die zum Handeln drängen. Das Gefühl des Getriebenseins im Stress hängt damit zusammen. Diese emotionale Aufladung führt auch im Bewusstsein, in unserem Wahrnehmen und Denken zu Veränderungen. Es entsteht ein eingeengter Blick, denn wir schauen nur noch wie gebannt auf die problematische Situation und darauf, wie wir sie bewältigen können. Es ist uns nicht mehr möglich, die Situationen nüchtern und klar zu betrachten, geschweige denn, kreativ Optionen zu entwickeln, die aus der Überforderung herausführen könnten.

Übung: Das Getriebensein im Stress
Stellen Sie sich eine Situation vor, in der Sie so richtig im Stress sind und spüren Sie dabei in sich die Energie, die Sie dazu antreibt, diese Situation durchzustehen. Es ist ein Kampf wie bei einem Ertrinkenden, der mit allen Kräften versucht, über Wasser zu bleiben. Vielleicht können Sie dabei auch spüren, dass Sie in diesem Getriebensein Ihre Mitte verloren haben. Das kann sich unterschiedlich anfühlen:

> Sie »hecheln« den Ereignissen hinterher.
> Während Sie etwas tun, sind Sie in Gedanken schon bei Ihrer nächsten Aktion.
> Sie sind nicht mit Ihrer vollen Aufmerksamkeit bei dem, was Sie jetzt gerade tun.

Finden Sie sich in diesen Beschreibungen wieder?

Wenn die Stressreaktion nur selten und in großen Abständen ausgelöst wird, ist unser Organismus in der Lage, die aufgestauten Stressenergien abzubauen. Werden wir jedoch mit starken, wiederholten oder andauernden Stresssituationen konfrontiert, reagiert der Körper mit verspannter Muskulatur, vorwiegend im Nacken- und Schulterbereich und unter Umständen schließlich mit psychosomatischen Krankheiten. Emotional kann sich das Gefühl der Ohnmacht und Überforderung so festsetzen, dass Depressivität eine Grundstimmung der Seele wird.

Stress wird allerdings sehr unterschiedlich erlebt und kann von den verschiedensten Faktoren ausgelöst werden: von einer bedrohlich empfundenen Situation, einer herausfordernden Aufgabe oder durch Konflikte mit anderen Personen. Auch die Reaktion auf Stress zeigt sich bei jedem Menschen anders: Sie hängt von der persönlichen Veranlagung und den Erfahrungen ab, die im bisherigen Leben gemacht wurden, von der Tagesform und den äußeren Lebensumständen. Marion zum Beispiel ist eine in sich ruhende Frau, nichts kann sie so schnell aus der Verfassung bringen. Ihr Partner dagegen ist ein nervöser Mensch und leicht erregbar. Wenn die beiden verreisen, nutzt Marion bis zur letzten Minute die Zeit aus, um ihren Haushalt und ihr Büro in Ordnung zu bringen. Wenn die beiden dann zum Bahnhof hetzen, wo der Zug in drei Minuten abfährt und Peter in heller Erregung ist und Sorge hat, den Zug zu verpassen, sagt Marion in aller Seelenruhe: »Peter, was regst du dich denn auf, der Zug fährt doch erst in ein paar Minuten!« Jemand, der ein heiteres, fröhliches Temperament besitzt, wird mit Stresssituationen vermutlich lockerer umgehen als jemand, der das Leben sehr ernst nimmt und zur Melancholie neigt. Ein Mensch mit ruhiger Veranlagung wird die Dinge langsam und gemütlich angehen, im Gegensatz zu demjenigen, der schnell emotional reagiert, rasch zupackt oder sich in kurzer Zeit heftig erregen kann.

Innere Antreiber

Im Umgang mit Stress spielt es auch eine wichtige Rolle, welches Idealbild wir von uns haben bzw. welche Ansichten und Werte wir verinnerlicht haben. Meist erleben Menschen, die einen hohen perfektionistischen Anspruch an sich selbst haben, wesentlich mehr Stress. Das hängt mit den inneren Antreibern und Kritikern zusammen, wie ich sie im Kapitel »Das Leben selbst in die Hand nehmen« beschrieben habe. Sie treten bei jeder Aufgabe oder Herausforderung sofort auf den Plan, indem sie den stressgeplagten Menschen zu absoluten Höchstleistungen anspornen. Das kann für die Betreffenden zu einer echten Qual werden, weil sie keine Chance sehen, dem inneren Antreiber oder Kritiker zu entkommen. An allem, was getan, gesagt und geleistet wird, hat er etwas auszusetzen – nichts hält seinem kritischen unbarmherzigen Urteil Stand.

Meine inneren Antreiber

Wie geht es Ihnen in angespannten Situationen? Hören Sie innerlich, wie Ihre Antreiber Ihnen zuflüstern: Streng dich an! Pausen kannst du dir jetzt nicht leisten! Du wirst doch jetzt nicht schlapp machen! Halte durch! Auch das bewusste Ich kann diese oder ähnliche Sätze zu sich selbst sagen. Dann aber ist der Ansporn verknüpft mit einem realistischen Blick auf die Situation und die eigenen Kräfte. Die inneren Antreiber hingegen sind keine Realisten, sie treiben uns vor sich her, weil sie gar nicht anders können!

Können Sie bemerken, wie Sie manchmal allzu sehr unter den Einfluss Ihrer inneren Antreiber geraten?

Selbstwertgefühl und Frustrationstoleranz

Wenn Sie ein gesundes Selbstwertgefühl haben, kommen Sie nicht so schnell in Überforderungssituationen, weil Sie sich mehr auf sich selbst verlassen und sich mehr zutrauen können. Damit hängt auch zusammen, welche Frustrationstoleranz Sie bei bestimmten Themen haben. Wer in der Kindheit schlimme Erfahrungen gemacht hat, weil immer wieder dieselben Bedürfnisse, z. B. nach Kontakt, nach Selbstbestimmung oder nach Beachtung nicht erfüllt wurden, der wird bei diesen Bedürfnissen eine geringe Frustrationstoleranz entwickeln und sich schneller gestresst fühlen. Jeder von uns hat seine neuralgischen Punkte, bei denen man sofort »rot« sieht und die Stressreaktion in Gang gesetzt wird – mit all den damit zusammen hängenden Gefühlen und Verhaltensweisen. Man fühlt sich verärgert, verletzt oder gekränkt.

Konstruktiver Umgang mit Stress

Wenn Sie bemerken, dass Sie von der Stressenergie gepackt sind, dann können Sie darüber jammern und klagen – Sie haben aber auch die Möglichkeit, die Situation als Chance zu begreifen und sich darum zu bemühen, Ihre Fähigkeit zur Selbststeuerung zurückzugewinnen. Einerseits geht es dabei darum, die überwältigende Stressenergie zurückzudrängen und andererseits ist es wichtig, diese Energie konstruktiv zu nutzen, d. h. von der Überforderungszone in die Herausforderungszone zu kommen. Dazu möchte ich Ihnen einige hilfreiche Anregungen geben.

Aufgestaute Stressenergie abbauen

Bei der Stressreaktion produziert unser Organismus sehr viel Energie, um durch Kampf oder Flucht schwierige Situationen zu überstehen. Die Muskeln schwellen an, der Blutzuckerspiegel steigt, die Atmung wird schneller usw. Gesteuert wird diese Energie durch Hormone, die im Körper zirkulieren. Emotional erleben wir Anspannung. Wenn wir real kämpfen oder flüchten würden, würde diese Stressenergie abgebaut. In unseren zivilisierten westlichen Gesellschaften tun wir das aber selten bis nie. Dennoch ist es notwendig, die aufgestaute Energie durch körperliche Aktivität abzubauen.

Durch körperliche Aktivität die Stressenergie abbauen

> Wie viel körperliche Aktivität gönnen Sie sich im Laufe einer Woche?

> Wie sieht Ihre Energiebalance aus? Bauen Sie im Laufe der Woche hauptsächlich Stressenergie auf oder haben Sie auch genügend Gelegenheit diese Energien durch körperliche Aktivität zu verbrauchen?

> Was könnten Sie tun, um zu einer ausgeglichenen Energie-balance zu kommen?

> Ein paar Vorschläge: ein zügiger Spaziergang, Joggen, Wandern, Schwimmen, Radfahren, Tanzen, Gymnastik, Gartenarbeit …

Aber nicht nur körperlich, sondern auch emotional muss der Druck abgebaut werden, sonst staut sich eine Menge Frustration, Ärger und Wut in der Seele an und man ist beherrscht vom Gefühl des: »Jetzt reicht es!« Ich möchte Ihnen dazu eine sehr wirkungsvolle Bewegungsübung vorschlagen, die Anspannungen in der Atmung und in der Muskulatur lösen kann und auch emotionales Abreagieren ermöglicht:

Übung: Negative Spannungen abschütteln
Suchen Sie sich einen geschützten Ort, an dem Sie sich ungestört eine halbe Stunde lang bewegen können. Sorgen Sie dafür, dass Sie nicht gestört werden. Als Unterstützung können Sie eine aktivierende Trommelmusik auflegen.

> Stellen Sie sich hin, die Füße parallel und hüftbreit nebeneinander.

> Beginnen Sie zuerst sanft durch das Wippen Ihrer Knie eine Schüttelbewegung von den Füßen über die Beine, durch das Becken und über den Rücken hinauf bis zu Ihren Schultern und Ihrem Kopf fließen zu lassen.

> Wenn es Ihnen guttut, verstärken Sie die Schüttelbewegung, finden Sie Ihr Tempo und überlassen Sie sich der Bewegung.

> Lassen Sie Ihren Atem los, indem Sie beim Ausatmen einen Atemton hören lassen und mit diesem Atemton auch Ihre seelische Anspannung ausatmen.

> Schütteln Sie passiv, ohne sich anzustrengen, Ihre Arme und Schultern. Lassen Sie vor allem die Spannungen in Ihren Schultern los. Sie können sich dabei auch vorstellen, wie durch Ihre Hände und Arme alle lästigen, frustrierenden Gedanken, Gefühle und Empfindungen von Ihnen weggeschüttelt werden.

> Bewegen Sie sich so lange, bis Sie ein Gefühl wohliger Entspannung verspüren.

> Bleiben Sie nach der aktiven Bewegung noch ein paar Minuten in Ruhe stehen und spüren Sie Ihren Körperempfindungen und Ihrer Atmung nach.

Die aggressive Energie, die durch die Stressreaktion in uns freigesetzt wird, zeigt sich emotional als Ärger und Wut. Wenn es nicht gelingt, diese Energie in Bewegung umzusetzen, dann nützen Entspannungsübungen im Stress manchmal sehr wenig. Die Wut kann allerdings eine enorme Kraft haben. Das ist ein Grund dafür, dass viele Menschen diese Emotion nicht spüren wollen, weil sie sich im Umgang mit dieser starken Kraft unsicher fühlen. Wenn Sie es schaffen, sich Ihrer Wut mit körperlicher Aktivität anzunähern und diese peu à peu in einem geschützten Rahmen und Raum auszuleben, werden Sie bald feststellen können, dass Sie sich erleichtert und befreit fühlen.

Übung: Emotional »Dampf ablassen«
Gehen Sie in einen geschützten Raum, in dem Sie laut sein können. Sorgen Sie dafür, dass Sie ca. 30 Minuten ungestört sind. Legen Sie zur Unterstützung eine kraftvolle Trommelmusik auf.

> Beginnen Sie kräftige Stampfschritte auf der Stelle zu machen und winkeln Sie dabei beide Arme an, so als ob Sie marschieren würden.

> Sprechen Sie jedes Mal, wenn Sie mit den Füßen auf dem Boden aufkommen mit kräftiger Stimme und aus dem Bauch heraus die Silbe »Ha«.

> Marschieren Sie so lange, bis Ihnen im wahrsten Sinne des Wortes die Luft ausgeht. Wenn Emotionen der Wut, der Trauer oder des Schmerzes auftauchen, dann integrieren Sie diese Gefühle in Ihren Ausdruck. Stellen Sie sich vor, wie Sie dadurch Ihren aufgestauten emotionalen und körperlichen Energien Raum verschaffen.

> Werden Sie lauter, wenn es für Sie stimmig ist. Sie können dann auch andere Laute oder Silben benutzen.

> Wenn Sie sich ausgetobt haben, bleiben Sie ein paar Minuten stehen und nehmen Kontakt mit Ihren Empfindungen und mit Ihrer Atmung auf.

> Legen Sie sich danach auf den Boden und strecken Sie sich in voller Länge aus. Geben Sie Ihr Körpergewicht an den Boden ab und entspannen Sie sich.

Entspannung finden im Alltag

In Zeiten der Überforderung spannen wir all unsere Kräfte an, um die schwierige Situation zu bewältigen. Wenn es nicht gelingt, auch Zeiten der Entspannung zu finden, verlieren wir die gesunde Balance. Ich möchte Ihnen einige Anregungen geben, wie Sie einen guten Ausgleich zur Stressspannung finden können.

Übung: Schultern entspannen
Weil sich die Anspannung im Stress vor allem in der Nackenmuskulatur festsetzt, sollten Sie immer wieder bewusst gegensteuern:

> Setzen oder stellen Sie sich aufrecht hin und stellen Sie ihre Füße hüftbreit nebeneinander.
> Ziehen Sie ganz langsam und gleichmäßig Ihre Schultern hoch, während Sie tief einatmen.
> Nun ziehen Sie Ihre Schultern langsam und gleichmäßig nach hinten unten und atmen Sie dabei vollkommen aus.
> Machen Sie diese Bewegung mehrmals.

Übung: Räkeln und Strecken
> Stellen Sie sich aufrecht hin, die Füße hüftbreit auf den Boden.
> Strecken und räkeln Sie sich ausgiebig.
> Lassen Sie durch Töne und Seufzer Ihren Emotionen freien Lauf.
> Gähnen Sie und versuchen Sie, sich über das Räkeln, Dehnen und Gähnen zu entspannen und loszulassen.

Übung: »Abhängen«
> Stellen Sie sich aufrecht hin, die Füße stehen parallel und hüftbreit auseinander.
> Lassen Sie Ihren Kopf auf das Brustbein sinken und nehmen Sie die Dehnung im Nacken wahr.
> Lassen Sie Ihren Kopf immer schwerer werden, sodass er nach unten sinkt und Ihre Wirbelsäule im Nackenbereich rund wird.
> Lassen Sie den Oberkörper nach unten sinken und stellen Sie sich dabei vor, wie sich die Wirbel Ihrer Wirbelsäule immer weiter auseinanderdehnen.
> Mit jeder Ausatmung wird ihr Kopf schwerer und Ihre Wirbelsäule dehnt sich noch ein Stück weiter.
> Lassen Sie beim Abhängen und Ausatmen alle Töne und Seufzer kommen, die sich in Ihrer Seele festgesetzt haben.

> Wenn Sie unten angekommen sind, dann lassen Sie Ihren Oberkörper mehrmals entspannt wie einen Elefantenrüssel von links nach rechts pendeln.
> Richten Sie sich dann langsam und bewusst wieder auf, Wirbel für Wirbel. Achten Sie dabei darauf, dass sich Ihr Kopf ganz am Schluss auf dem letzten Halswirbel aufrichtet.
> Stehen Sie entspannt und mit offenem Blick und nehmen Sie Ihre Aufrichtung und ihren fließenden Atem bewusst wahr.

Übung: Den Körper locker klopfen

> Stehen Sie aufrecht und entspannt. Die Füße stehen hüftbreit auseinander.
> Beginnen Sie mit der linken Hand die rechte Schulter und dann den Arm und die Hand locker zu klopfen.
> Klopfen Sie dann mit der rechten Hand die linke Schulter, den linken Arm bis zur linken Hand.
> Klopfen Sie mit beiden Händen locker die Muskulatur über dem Brustbein.
> Den Bauch nur locker und leicht klopfen, das Gesäß kann kräftig geklopft werden.
> Es folgen die Vorderseite der Oberschenkel, der Unterschenkel und die Fußrücken von oben nach unten, dann von unten nach oben die Waden und die Hinterseite Ihrer Oberschenkel.
> Wenn Sie wieder aufgerichtet sind, lassen Sie Ihre Arme entspannt seitwärts am Oberkörper nach unten hängen.
> Schließen Sie Ihre Augen und nehmen Sie Ihre Körperempfindungen und Ihre Atembewegung wahr.

Außer den beschriebenen körperlichen Entspannungsaktivitäten ist es aber auch wichtig, im Tagesablauf und überhaupt in der Lebensgestaltung einen guten Ausgleich zu finden. Denn es fördert die Stressresistenz, wenn man eine gute Balance zwischen Arbeiten und Leben schafft. Dazu ein paar Anregungen:

Übung: Pausensignale erkennen

Schieben Sie bei der täglichen Arbeit immer mal wieder eine kurze, sinnvoll genutzte Pause ein. Sollten Sie hauptsächlich sitzend tätig sein, können Sie immer mal wieder aufstehen, ein paar Schritte gehen, das Fenster öffnen und bewusst ein paar Atemzüge nehmen.

Übung: Kulturelle Aktivitäten

Planen Sie einerseits entspannende Erlebnisse in Ihren Alltag ein, andererseits Unternehmungen, die eine belebende Wirkung auf Sie haben. Kulturelle Angebote wie Theater und Kino, Konzerte, Museen oder Vorträge können neue Denkanstöße geben, außerdem regen sie die Phantasie und die Gefühlswelt an.

Manche Menschen neigen in Stresszeiten dazu, sich zurückzuziehen und abzukapseln. Sie sind so sehr mit der Bewältigung ihrer Probleme beschäftigt, dass sie an nichts anderes mehr denken können. Gerade dann aber kann es ablenkend und entspannend sein, gemeinsam mit anderen etwas zu unternehmen. In Gesprächen können gegenseitiges Verständnis, Mitgefühl und Anerkennung entstehen. Es tut gut zu hören, dass andere vielleicht ähnliche Erfahrungen gemacht haben – und vielleicht können sie auch berichten, was ihnen in Stresszeiten geholfen hat. Umgekehrt tut es gut, für andere da zu sein und ihnen Unterstützung geben zu können. Und die heilsame Wirkung des Beisammenseins und des gemeinsamen Lachens ist nicht zu unterschätzen.

Übung: Soziale Aktivitäten

Probieren Sie aus, was Ihnen am meisten zusagt: gemeinsames Essen mit Freunden, Spiel- oder Literaturabende, Gedichtabende, Chorsingen, Theaterspiel, Wandern in einer Gruppe oder Mannschaftssport.

So wichtig soziale Aktivitäten sind, so wichtig ist es auch, etwas für sich allein zu tun, Zeit nur für sich zu haben und dem nachzugehen, wonach einem gerade der Sinn steht. Man kann in Ruhe den eigenen Gedanken nachhängen oder sich konzentriert einer befriedigenden Tätigkeit zuwenden.

Übung: Angenehme Dinge für sich allein tun
Sie könnten sich einfach treiben lassen, Musik hören, lesen, künstlerische Tätigkeiten ausüben, in die Sauna gehen, einen Einkaufsbummel machen …

Übung: Angenehme Dinge zu zweit tun
Es kann entspannend sein, die Zeit gemeinsam mit dem Partner einmal auf ungewohnte Weise bewusst und kreativ zu gestalten. Insbesondere in Stresszeiten kann es wohltuend sein, den Alltag zu durchbrechen, indem man sich füreinander Zeit nimmt: durch Geschichten vorlesen, Massagen, Kuscheln, Zärtlichkeiten austauschen, sich lieben …

Stressbewältigung durch die Praxis der Achtsamkeit

In Stresszeiten hat man zeitweise das Gefühl, keine Kontrolle mehr über sich selbst und sein Leben zu haben. Im Gegenteil, es scheint eher so, als ob man ausschließlich von äußeren Umständen gesteuert würde. Oft weiß man gar nicht mehr, welche der anstehenden Aufgaben man zuerst erledigen soll, und es fällt schwer, die richtigen Entscheidungen zu treffen. Die Redensart: »Ich weiß überhaupt nicht mehr, wo mir der Kopf steht« charakterisiert die Situation sehr anschaulich. Um für solche Situationen gewappnet zu sein und auch bei hohen Anforderungen nicht den Kopf zu verlieren, sind die nachfolgend beschriebenen Präsenz- und Meditationsübungen sehr hilfreich. Mit Ihnen kann man die Kraft der Präsenz stärken und vorbeugend üben, wie man wieder zur Besinnung kommen kann, wenn man von einer Situation überwältigt wird. Häufig sind wir mit unseren Gedanken in der Zukunft oder in der Vergangenheit. In dem Moment aber, in dem man sich selbst klar und achtsam wahrnimmt und zugleich erkennt, was die Situation gerade erfordert, eröffnen sich neue Handlungsspielräume. Man kann flexibel reagieren, was einem ein Gefühl von Freiheit und Souveränität vermittelt. Michael Ende beschreibt in »Momo« einen Straßenkehrer, der verstanden hat und praktiziert, was in Stresssituationen so notwendig ist:

Wenn er die Straße kehrte, tat er es langsam, aber stetig: Bei jedem Schritt einen Atemzug und bei jedem Atemzug einen Besenstrich. Schritt – Atemzug – Besenstrich. Schritt – Atemzug – Besenstrich. Dazwischen blieb er manchmal ein Weilchen stehen und blickte nachdenklich vor sich hin. Und dann ging es weiter – Schritt – Atemzug – Besenstrich. ...

»Es ist so: Manchmal hat man eine sehr lange Straße vor sich. Man denkt, die ist so schrecklich lang; das kann man niemals schaffen, denkt man. ...

Und man eilt sich immer mehr. Jedes Mal, wenn man aufblickt, sieht man, dass es gar nicht weniger wird, was noch vor einem liegt. Und man strengt sich noch mehr an, man kriegt es mit der Angst, und zum Schluss ist man ganz außer Atem und kann nicht mehr. Und die Straße liegt immer noch vor einem. So darf man es nicht machen. ...

Man darf nie an die ganze Straße auf einmal denken, verstehst du? Man muss nur an den nächsten Schritt denken, an den nächsten Atemzug, an den nächsten Besenstrich. Und immer wieder nur an den nächsten. ...

Dann macht es Freude, das ist wichtig, dann macht man seine Sache gut. Und so soll es sein.«[1]

Ich möchte Sie dazu anregen, es dem Straßenkehrer gleichzutun. Leider geht das nicht auf Knopfdruck, vielmehr ist dazu Übung notwendig. Der amerikanische Arzt und Professor Dr. Jon Kabat-Zinn hat ein Übungsprogramm zur Bewältigung von Stress entwickelt, das vor allem auf systematisch aufgebauten Achtsamkeitsübungen beruht. Dieser Ansatz der »Stressbewältigung durch die Praxis der Achtsamkeit« ist so erfolgreich, dass er inzwischen eine weite Verbreitung gefunden hat. Die nachfolgenden Übungen orientieren sich daran.

Die Sensibilität und Wahrnehmungsfähigkeit für den eigenen Körper weiterzuentwickeln bildet dabei die Basis. Heutzutage legen viele Menschen Wert darauf, schlank zu sein und einen schönen, durchtrainierten Körper zu haben. Doch damit ist noch nicht eine bewusste Körpererfahrung gewonnen. Im eigenen Körper heimisch zu sein, ist aber Voraussetzung für Wohlbefinden. In der nachfolgend beschriebenen Körpermeditation, dem »Body Scan«, geht es darum, den eigenen Körper achtsam von den Füßen bis zum Kopf, Region für Region, wahrzunehmen und zu spüren. Ziel ist, mit wachem und konzentriertem Bewusstsein alle Körperempfindungen, aber auch alle Gedanken und Gefühle, die entstehen, wahrzunehmen, ohne sie bewerten oder verändern zu wollen. Eine offene, interessierte und achtsame Haltung wirkt dabei unterstützend. Es ist gut möglich, dass es Ihnen zu Beginn nicht leichtfällt, Ihre Körperempfindungen genau wahrzunehmen, und Sie sie eher

---

[1]   Aus: Michael Ende, Momo, © 1973 by Thienemann Verlag (Thienemann Verlag GmbH), Stuttgart – Wien.

neutral erleben. Das ist kein Problem. Es geht um die innere achtsame Haltung, mit der Sie sich Ihrem Körper zuwenden.

Auch bei Schmerzzuständen kann der »Body Scan« sehr hilfreich sein. Wenn es Ihnen gelingt, aufmerksam, aber nicht wertend Ihre Schmerzen wahrzunehmen und sie zuzulassen, können Sie die Erfahrung machen, dass die Schmerzzustände sich verändern und sich manchmal auch auflösen. Durch das bewusste und achtsame Wahrnehmen regen Sie in Ihrem Körper und Ihrer Seele Prozesse an, die zur Heilung beitragen können.

Übung: Körpermeditation (Body Scan)

> Wählen Sie einen ruhigen und warmen Raum und legen Sie sich auf eine Matte auf den Boden. Schließen Sie Ihre Augen, wenn das angenehm für Sie ist.

> Lassen Sie Ihre Beine am Boden ausgleiten und legen Sie Ihre Arme entspannt neben Ihren Körper, die Handflächen nach oben gerichtet.

> Nehmen Sie bewusst ein paar tiefe Atemzüge und lassen Sie Ihren Atem lang ausströmen. Spüren Sie die Schwere Ihres Körpers und lassen Sie ihn mit dem Ausströmen Ihres Atems immer tiefer in den Boden sinken.

> Wenn Gedanken auftauchen, dann halten Sie nicht daran fest, sondern lassen Sie Ihre Gedanken wie Wolken am Himmel weiterziehen.

> Nun beginnen Sie langsam und konzentriert Ihre Achtsamkeit auf Ihren Körper zu lenken. Beginnen Sie bei Ihren Füßen und Beinen. Dann gehen Sie mit Ihrer Wahrnehmung zu Ihrem Becken, dem Rücken, den Armen und den Händen. Von da aus spüren Sie Ihren Bauch, Ihren Brustkorb, Ihr Herz, den Hals und Ihr Gesicht, zum Schluss Ihren Kopf.

> Denken Sie nicht über Ihren Körper nach, sondern spüren Sie Körperteil für Körperteil und akzeptieren Sie, was Sie spüren. Bleiben Sie fühlend, auch wenn es unangenehme Empfindungen sein sollten.

> Sollten Sie müde werden oder sich in Gedanken verlieren, lenken Sie Ihre Aufmerksamkeit wieder auf Ihren Körper und Ihre Atmung zurück.

> Wenn Sie die Übung beendet haben, atmen Sie mehrmals tief ein und lassen den ausströmenden Atem vom Kopf bis zu den Füßen durch den ganzen Körper hindurchströmen.

Die zweite Meditationsübung, die ich Ihnen vorstellen möchte, stärkt die Fähigkeit zur inneren Sammlung, zum Bei-Sich-Sein, denn im Stress verlieren wir unsere innere Balance, unsere Mitte. Bei dieser Übung geht es darum, die Fähigkeiten zur Zentrierung, zur Präsenz sowie zur Achtsamkeit durch regelmäßiges Meditieren zu stärken. Das Wichtigste dabei ist, dass Sie überhaupt mit dem Meditieren beginnen und dass Sie dabei eine innere Haltung entwickeln, die Sie unterstützt. Denn Sie werden feststellen, dass es nicht einfach ist, nur still dazusitzen und sein Bewusstsein gezielt auf den Atem zu richten. Schon nach kurzer Zeit werden Sie bemerken, wie unruhig Ihr Geist und Körper sind, denn in der Meditation werden wir mit unserem ununterbrochenen Gedankenstrom konfrontiert, mit unseren zahlreichen Körperempfindungen, unserer Nervosität, Müdigkeit und mit anderen bedrängenden Gefühlen. Lassen Sie sich dadurch nicht aus der Ruhe bringen, sondern versuchen Sie, eine liebevolle und mitfühlende Haltung sich selbst gegenüber zu entwickeln. Es geht nicht darum, dass Sie etwas erreichen, sondern nur darum, sich im Hier und Jetzt für das, was da ist, zu öffnen und es anzunehmen, wie es gerade ist. Wenn die ersten Anfangsschwierigkeiten überwunden sind, und Sie es schaffen, sich regelmäßig zum Meditieren hinzusetzen, werden Sie feststellen, dass Sie entspannter, gelassener und präsenter sind.

Übung: Sitzmeditation

Wählen Sie für die Sitzmeditation eine Tageszeit und einen Ort, an dem Sie eine Zeit der Ruhe für sich selbst ermöglichen können. Schalten Sie Ihr Telefon und Handy aus. Wenn Sie noch keine Meditationserfahrung haben, beginnen Sie mit 10 Minuten. Sollte das noch zu lange für Sie sein, dann beginnen Sie mit 5 Minuten. Wichtig ist, dass Sie die Zeit einhalten, die Sie sich vorgenommen haben. Empfehlenswert sind 30 Minuten. Es ist ratsam, diese Übung täglich zu machen.

> Setzen Sie sich auf einen Stuhl, ein Sitzkissen oder ein Bänkchen auf den Boden. Wichtig ist, dass Sie aufrecht und doch bequem sitzen können. Nehmen Sie eine würdevolle Haltung ein.

> Schließen Sie Ihre Augen und nehmen Sie wahr, wie Sie sich im Moment gerade fühlen. Nehmen Sie das, was Sie spüren, ohne Bewertung an.

> Lenken Sie nun Ihre innere Wahrnehmung zu ihren Füßen. Was spüren Sie? Sind sie kühl, warm, schwitzig, trocken …? Tasten Sie in derselben Weise Ihre Beine, Hände, Arme und Schultern ab.

> Lassen Sie Ihre Schultern mit jeder Ausatmung ein wenig nach unten hinten fallen und lösen Sie dabei Ihren Unterkiefer.

> Nun konzentrieren Sie sich auf Ihren Atem. Wie nehmen Sie Ihre Atembewegung in Ihrem Brustraum und im Bauch wahr?

> Nehmen Sie Ihren Bauch wahr und spüren Sie dort etwa drei Fingerbreit unter Ihrem Bauchnabel Ihre Körpermitte. Spüren Sie, wie bei jeder Einatembewegung dieses Zentrum von Ihrem Atem berührt wird.

> Versuchen Sie, diese Achtsamkeit bei der Atembewegung zu halten.

> Wenn Sie wahrnehmen, dass Sie sich in Gedanken verlieren, oder wenn Sie müde und schläfrig werden, dann holen Sie sich sanft und freundlich mit Ihrer Aufmerksamkeit wieder zurück zu Ihrer Atembewegung.

> Wenn Sie die Meditation beendet haben, bleiben Sie noch ein paar Minuten in Ruhe sitzen und machen sich bewusst, was Sie jetzt als Nächstes tun wollen oder müssen. Tun Sie das, was Sie tun, bewusst und präsent.

Wenn Sie diese Achtsamkeitsmeditation im Sitzen regelmäßig durchführen, dann wird das auf Ihr Verhalten im Alltag ausstrahlen. Sie sind mehr im Hier und Jetzt einer Situation präsent und negativer Stress kann sich nicht so leicht entwickeln, denn Sie sind stärker im Kontakt mit Ihrer Energie und mit sich selbst. Daraus ergibt sich die dritte Übung fast wie von selbst:

Übung: Achtsamkeit im Alltag
Die Türe öffnen, Treppensteigen, Gehen, Abwaschen und andere einfache Tätigkeiten führen wir aus, ohne mit unserer Aufmerksamkeit wirklich dabei zu sein; wir sind mit unseren Gedanken meist woanders. Eine einfache und sehr wirkungsvolle Achtsamkeitsübung besteht darin, dass Sie bei diesen scheinbar unwichtigen Tätigkeiten ganz bewusst anwesend sind. Das heißt, Sie können so abwaschen, dass sie das Arbeitstempo verlangsamen und jeden Handgriff achtsam ausführen, und Sie können bei einem Spaziergang für eine gewisse Zeit Ihren Schritt verlangsamen und dann versuchen, jede Bewegung bewusst zu vollziehen. Auch beim Öffnen einer Türe oder wenn Sie ein Glas auf den Tisch stellen, lässt sich das sehr gut üben. Die Regeln sind sehr einfach:

> Verlangsamen Sie Ihr Tempo.
> Versuchen Sie, in jedem Moment bewusst bei dem zu sein, was Sie tun.
> Ihre Bewusstheit ist offen nach außen und nach innen, d.h. nehmen Sie nicht nur Ihre Umgebung, sondern auch Ihren Körper, Ihre Gefühle und Ihre Gedanken bewusst wahr.

Achtsamkeit im Alltag führt Sie zu sich selbst, denn durch die ruhige Bewegung und durch die Konzentration bündeln Sie Ihre zerstreuten Aufmerksamkeitskräfte. Sie kommen in Ihre Mitte und fühlen sich präsent im »Hier und Jetzt«.

6 Die Potenziale des eigenen Schattens leben

Nur wer die Leier schon hob
Auch unter Schatten,
darf das unendliche Lob
ahnend erstatten.

Nur wer mit den Toten vom Mohn
aß, von dem ihren,
wird nicht den leisesten Ton
wieder verlieren.

Mag auch die Spiegelung im Teich
Oft uns verschwimmen:
Wisse das Bild.

Erst im Doppelbereich werden die Stimmen
Ewig und mild.

Rainer Maria Rilke, aus den »Sonetten an Orpheus«

Kennen Sie das? Beim Friseur gestatten Sie sich, was Sie sonst niemals tun würden: Sie lesen neugierig die so verpönten Klatschnachrichten aus der Regenbogenpresse! Wer hatte mit wem ein Techtelmechtel? Bei welchem Politiker wurde eine heimliche Sexaffäre aufgedeckt? Worin bestand die »anrüchige« Vergangenheit dieser oder jener Präsidentengattin? Spüren Sie nicht vielleicht sogar eine neugierige Erregung, wenn die Nachbarin Ihnen erzählt, dass der anständige Familienvater von nebenan seit geraumer Zeit seine Nächte in Spielkasinos verbringt und unter Spielsucht leidet?

Solche und ähnliche Nachrichten werden von vielen Menschen mit großem Interesse aufgenommen. Das Spannende daran ist, dass das, was wir einerseits mit Sensationslust verfolgen, andererseits aber so gern verurteilen, etwas mit uns selbst zu tun hat. Sonst würde es uns doch kaltlassen, oder? In diesem Kapitel geht es um die Kräfte, die wir aus unserem Bewusstsein verbannt haben, die aber in vielen Konflikten und seelischen Beeinträchtigungen unheilvoll wieder zum Vorschein kommen. Wie kann es gelingen, diese Kräfte positiv in unser Leben zu integrieren?

Anpassung und Authentizität

Die Erwartungen der Umwelt prägen unser Ich-Ideal

Jeder Mensch hat ein ideales Bild von sich selbst. Die meisten Menschen strengen sich sehr an, um diesem Idealbild, in dem die persönlichen Werte stecken, gerecht zu werden: Man möchte gut sein, Leistung erbringen, ein Vorbild für andere abgeben. Ein liebevoller Familienvater möchte aktiv mit Frau und Kindern leben und gleichzeitig erfolgreich und engagiert seinen Beruf ausüben. Ein kompetenter Geschäftsführer fühlt sich verpflichtet, für seine Firma Gewinn zu erwirtschaften und zugleich menschlich mit den Angestellten umzugehen. Die moderne Frau erlebt den Druck, eine gute Mutter, Partnerin und Geschäftsfrau zu sein, alle Aufgaben gelassen und fröhlich zu meistern und dazu noch sportlich aktiv zu sein. Bei so vielen Ansprüchen kann einem schon der Atem ausgehen! Wie geht es Ihnen mit diesen Aufzählungen? Wie sieht Ihr Idealbild aus? Vielleicht denken Sie: »O ja, genau diese und noch einige mehr Eigenschaften sind es, die ich auch gerne verkörpern würde!«

Welches ideale Bild habe ich von mir selbst?

Schließen Sie für ein paar Momente die Augen. Besinnen Sie sich auf sich selbst und fragen Sie sich:

> Auf welche meiner Eigenschaften lege ich großen Wert?
> Auf welche Fähigkeiten lege ich großen Wert?
> Welche Werte spielen für mich eine wichtige Rolle?
> Wie möchte ich von der Außenwelt wahrgenommen werden?
> Was ist mir besonders wichtig?

Wenn Sie Ihre Selbstreflexion beendet haben, spüren Sie Ihren Empfindungen nach: Wie fühlen Sie sich? Was ist Ihnen deutlich geworden?

Schreiben Sie auf, was Ihnen dazu einfällt.

Woher kommen die hohen Ansprüche, die wir in uns tragen? Das Idealbild entwickelt sich in der Kindheit und orientiert sich an den im Elternhaus vorgelebten Werten und Regeln. Das kleine Kind möchte ebenso sein wie Mama, Papa oder die große Schwester. Dieser Prozess der Nachahmung setzt sich später fort in der Identifikation mit anderen Vorbildern: Lehrern, Filmstars, Popstars, etc. »Ich möchte auch so sein wie …!« Dazu kommen auch noch die Erwartungen der Erziehungspersonen. Denn das kleine Kind spürt, welche Gefühlsäußerungen und Verhaltensweisen von Eltern und Geschwistern erwünscht sind und welche nicht. Diese Erwartungen der Umwelt formen das Idealbild mit.

Welches Idealbild hat meine Umgebung von mir?

Schließen Sie bitte wieder für einige Momente die Augen und besinnen Sie sich auf die folgenden Fragen:

> Welches ideale Bild hatte/hat Ihre Mutter, Ihr Vater oder heute Ihr Partner oder Ihre Partnerin von Ihnen?

> Wie sollen Sie sein, damit Sie »recht« sind?
> Und wie geht es Ihnen damit?
> Können Sie bemerken, inwieweit Sie sich mit diesen Erwartungen identifizieren? Erwarten Sie dasselbe auch von sich oder lehnen Sie diese Erwartungen ab?

Wie zeige ich mich?

Einige Menschen legen eher Wert auf ihre äußere Erscheinung, andere eher auf bestimmte Verhaltensweisen, die sie zeigen oder vermeiden wollen. Sicherlich für die allermeisten aber ist es von außerordentlicher Bedeutung, ein gutes Bild von sich abzugeben und sich der Umwelt gegenüber angepasst zu verhalten. C. G. Jung nannte diese angepasste Seite die »Persona«. Der Ausdruck hat seinen Ursprung im griechischen Theater: Die Schauspieler stülpten beim Darstellen mythischer Gestalten eine Maske über ihr Gesicht. So konnten sie sich leichter mit ihren Figuren identifizieren. »Personare« heißt »hindurchtönen«, und wie der griechische Schauspieler durch die Maske hindurchtönte, äußert sich unser eigentliches Ich durch die Rollen hindurch, die wir in sozialen Zusammenhängen einnehmen.

Wenn man sich eine Maske auf das Gesicht setzt, kann man seine eigene Persönlichkeit in den Hintergrund stellen und das spielen, was gewünscht wird. Viele Frauen verlassen nur mit einem perfekten Make-up ihre Wohnung, manche Männer können nur im blitzblank geputzten Auto zur Arbeit fahren. Anderen ist vor allem wichtig, dass ihre Wohnung immer tipptopp sauber und aufgeräumt ist für den Fall, dass unerwarteter Besuch kommt. Es gibt Ehepaare, die trotz zerrütteter Beziehung größten Wert auf tadellose Umgangsformen legen, um nach außen einen positiven Schein zu bewahren. Vom äußeren Erscheinungsbild mit den jeweiligen wichtigen Accessoires bis zu den gesellschaftlichen Regeln, etwa wie man sich bei einer Besprechung, auf einer Hochzeit oder in einem Restaurant verhält, entwickelt jeder Mensch seine Persona.

Es gibt Menschen, die mit ihrer Persona scheinbar ganz eins sind. Sie haben ein perfekt gestyltes Erscheinungsbild, können sich in jeder gesellschaftlichen Situation sicher und gewandt bewegen und erzeugen bei ihren Mitmenschen Bewunderung. Manchmal aber fühlt man sich in Gegenwart solcher Menschen nicht wohl in seiner Haut, weil sie unnahbar wirken und nichts von ihrer eigentlichen Persönlichkeit durchscheint. Sie scheinen etwas zu verbergen hinter der perfekten Rolle, die sie spielen. Sie wirken nicht authentisch.

Wenn Menschen in ihrer persönlichen Entwicklung Einbrüche erlebten, etwa wenn sie eine schwere körperliche oder seelische Krankheit zu bestehen hatten, kann es sein, dass das angepasste Ich nicht mehr so gut funktioniert. Die Betreffenden konnten in diesen Krisenzeiten ihre Persona nicht aufrechterhalten. Sie mussten sich selbst und der Umwelt ihr »wahres Gesicht« zeigen. Dann wird das Leid, das die Menschen umtreibt, auf ihren Gesichtern und in ihrer Körperhaltung sichtbar.

In den meisten Fällen werden aber Traurigkeit, Schmerz, Wut und Angst mit viel Mühe kaschiert. Diese Emotionen werden verdrängt, sie führen ein Schattendasein: »Keiner soll meinem Gesicht ansehen, was in mir vor sich geht.« Den meisten Menschen ist es z. B. äußerst peinlich, in der Öffentlichkeit zu weinen, denn das könnte als Schwäche ausgelegt werden und den Anschein erwecken, das eigene Leben nicht im Griff zu haben. Das Aufrecherhalten des Idealbildes kostet jedoch sehr viel Kraft und lässt die Menschen viel von ihrer Lebendigkeit und Authentizität einbüßen.

Welches äußere Erscheinungsbild und welche gesellschaftlichen Umgangsformen angesagt sind, hängt auch damit
zusammen, in welchen Kreisen man sich überwiegend bewegt.
Ist man in der Wirtschaft tätig, spielen andere Gepflogenhei-
ten und Äußerlichkeiten eine Rolle, als wenn man als Lehrerin,
Sozialarbeiter oder Automechaniker tätig ist.

Es gibt allerdings auch Menschen, deren Persona nicht so
fest ist. Man sagt von ihnen, sie seien authentisch, echt. Sie
äußern sich spontan und emotional, sagen offen, was sie denken und fühlen. Bei künstlerischen Naturen ist das häufiger
der Fall, denn um sich künstlerisch ausdrücken zu können, ist
ein Zugang zu den lebendigen Kräften der Seele notwendig –
und dazu gehören auch die Schattenseiten. Kunstwerke wie
Musik, Literatur, Malerei oder Plastik sind deshalb interes-
sant, weil sie die Schattenseiten des Menschseins künstlerisch
darstellen.

Es ist wichtig für unser Leben, über ein angepasstes Ich zu verfügen, um im Alltag miteinander umgehen zu können. Genauso
wichtig für unsere seelische Gesundheit ist aber, über unsere tiefer liegenden Persönlichkeitsanteile Bescheid zu wissen und mit
ihnen in Verbindung zu stehen. Sonst werden wir unlebendig,
starr und funktionieren mehr, als dass wir leben.

Wie möchten Sie gerne nach außen erscheinen?

Betrachten Sie sich einmal von außen, als ob Sie sich selbst das
erste Mal begegnen würden:

> Was würden Ihr äußeres Erscheinungsbild und die sonstigen
  Attribute, mit denen Sie sich umgeben, über Sie verraten?
> Welche Eigenschaften – alternativ, yuppieartig, modebe-
  wusst, konservativ, intellektuell, künstlerisch oder viele andere – würden Sie Ihrem Äußeren zuordnen?

> Schauen Sie auch auf: Kleidungsstil, Automarke, Wohnungseinrichtung, Musikvorlieben, Bücher, Zeitschriften, Ernährung. All das und vieles mehr sagt etwas über Sie aus.
> Welches Bild entsteht vor Ihrem inneren Auge? Wenn Sie eine Gestalt in einem Theaterstück wären, wie würden Sie dann diese Rolle charakterisieren?

Welche Rolle spielen Sie?

Man kann diesen Satz auf zwei verschiedene Weisen auffassen. Zum einen steckt darin die Überlegung, welche Bedeutung Sie für andere Menschen haben. Zum anderen enthält er die Frage, wie Sie sich im Alltag verhalten müssen, damit Sie Ihre Rolle gut ausfüllen. Um diesen zweiten Aspekt geht es mir im Moment. Wenn ich von Ihrer Rolle spreche, meine ich damit nicht bestimmte Funktionen, die Sie im Beruf ausüben, sondern die typische und sich wiederholende Art und Weise, wie Sie sich in sozialen Beziehungen verhalten. Ich will Ihnen ein paar Beispiele geben für häufig vorkommende Rollen, die sich in bestimmten Verhaltensmustern zeigen:
> hilfreich und unterstützend sein
> kritisch, hinterfragend und unzufrieden sein
> Anführer sein, vorangehen, bestimmen
> lustig sein, Witze machen, andere unterhalten
> hilfsbedürftig sein und sich helfen lassen
> viel wissen und zu allem etwas sagen können
> Ordnung schaffen und Dinge strukturieren
> zupacken und handeln
> kreativ sein und gute Ideen haben
> besonnen und ruhig bleiben

Die Aufzählung ist nicht vollständig, aber trotzdem können Sie sich fragen, welche Rollenbeschreibung auf die

Menschen zutrifft, die Ihnen nahestehen. Und was sind Ihre Rollenmuster?

Was sind meine Rollenmuster?

Nehmen Sie sich ein wenig Zeit und stellen Sie sich folgende Fragen:

> In welchen Situationen versuche ich, es anderen recht zu machen? Und wie verhalte ich mich dann?
> Was sind meine hauptsächlichen Rollenmuster?
> Fühle ich mich in diesen Rollen wohl oder würde ich manchmal gern »aus meiner Haut schlüpfen«?
> Würde ich gerne auch einmal andere Rollen spielen? Wenn ja, welche?

Wir alle haben im Laufe unserer Kindheit bestimmte Rollenmuster entwickelt, die vor allem anderen einen wichtigen Sinn haben: Sie verleihen eine gewisse Sicherheit und dienen als Schutz für unsere unsicheren und verletzlichen Seiten. Wir haben uns diese Rollen deshalb in der Kindheit zugelegt, weil es für uns in wichtigen Situationen nicht möglich war, so zu sein, wie wir uns wirklich fühlten. Zuviel Ablehnung mussten wir ertragen, zuviel Anpassung wurde eingefordert. Das konnte auf ganz subtile Weise geschehen. Als Erwachsener ist man sich dessen erst einmal nicht bewusst. Viele Menschen erzählen, dass sie eigentlich eine schöne Kindheit hatten. Die unschönen Seiten sind häufig verdrängt. In einer Psychotherapie kommen dann Dinge ans Tageslicht, die zeigen, wie sehr sich jemand anpassen musste, um Akzeptanz und Zuneigung zu erhalten.

Wenn Sie genau hinschauen, werden Sie feststellen, dass Sie sich im Alltag nicht überall gleich verhalten. Sobald Ihnen aber bewusst wird, was Sie tun, haben Sie die Möglichkeit zu überprüfen, ob Sie Ihre gewohnte Rolle weiterspielen oder ob Sie nicht vielleicht auch andere Seiten von sich zeigen möchten. Ein Ziel für die persönliche Weiterentwicklung könnte sein, Rollenflexibilität zu entwickeln, d. h. je nach Situation unterschiedliche Aspekte der eigenen Person zur Geltung zu bringen. Ein weiteres Ziel könnte darin bestehen, immer mehr authentisch das zu spüren und auch auszudrücken, was Sie gerade fühlen oder was Ihnen wichtig ist.

Die Schattenseiten der eigenen Seele

Wie wir umgehen mit dem, was wir an uns selbst nicht mögen

Der amerikanische Dichter Robert Bly hat das Bild von einem Sack geprägt, den man ein Leben lang hinter sich herzieht und mit allen unerwünschten und ungeliebten Anteilen seines Selbst anfüllt. Alle Eigenschaften, die nicht dem eigenen Ich-Ideal entsprechen, wandern in diesen Sack. Abhängig davon, welche Prägung ein Kind durch seine Umwelt erfahren hat, werden ganz unterschiedliche Eigenschaften in den Sack gesteckt:

> Ärger und Wut zeigen
> Tränen zeigen
> Sexualität
> Lebendigkeit
> Wissensdrang
> Ordnungsdrang
> sich selbst bestimmen

Aber nicht nur die persönlichen Erfahrungen in der Kindheit führen dazu, dass bestimmte Seiten der eigenen Person in den Schattenbereich der Seele verdrängt werden. Auch die Kultur, in der wir leben, trägt dazu bei. Im Mittelalter wurden die Menschen vor den sieben Todsünden gewarnt, die ich mit modernen Worten bezeichnen möchte: Sexualität, Fresssucht, Habgier, Bequemlichkeit, Aggressivität, Neid und Überheblichkeit. Es wurde als unmoralisch angesehen, sich diesen Neigungen hinzugeben. Auch heute noch sind diese Eigenschaften und Verhaltensweisen nicht gesellschaftsfähig und werden deshalb verdrängt. Denn die Menschen sehnen sich nach einer heilen Welt, und in diese Welt passen keine hemmungslosen sexuellen Ausschweifungen, Fress- oder Trinksucht, Habgier und Überheblichkeit.

Bei allem, was Menschen im Übermaß tun und erleben, können sie die Kontrolle über sich selbst verlieren. Kontrolle spielt aber eine zentrale Rolle bei der Frage, wie man in der Öffentlichkeit gesehen werden möchte und welche Eigenschaften und Interessen man lieber in den Schatten der eigenen Seele verdrängt. Ein Glas Wein oder Bier zu trinken ist bei uns durchaus gesellschaftsfähig. Betrunken zu sein dagegen kann schon peinlich werden. Nach dem Kater fragt man sich, wie es dazu kommen konnte und hofft, nicht allzusehr das Gesicht verloren zu haben.

Das Gefühl von Peinlichkeit oder Scham zeigt, dass Menschen Angst haben, etwas Intimes von sich preiszugeben. Das Intime, was immer es für den Einzelnen bedeuten mag, gibt Aufschluss über die Schattenseiten. Je mehr ein Mensch sich mit der Perfektion seiner »Persona« identifiziert, desto mehr muss er seine ungeliebten Seiten in den Schatten verbannen. Gelingt es aber, die eigenen Schattenseiten ins Bewusstsein zu holen und sich mit ihnen auseinanderzusetzen, wird es leichter, sich im Alltag erwachsener zu verhalten, sich mehr zuzutrauen und sich mit sich selbst im Reinen zu fühlen. Man ist auch viel eher in der Lage, toleranter auf die Schattenseiten anderer Menschen zu reagieren.

Sabine, 42, hatte eine Kollegin, die ihr das Leben schwer machte. Sie fühlte sich kaum noch in der Lage, im Büro gemeinsam mit ihr zu arbeiten. Heftige Migräneanfällen stellten sich ein, Sabine konnte sich kaum noch auf ihre Arbeit konzentrieren und wurde depressiv. Immer häufiger ließ sie sich krankschreiben. Die Kollegin war eine attraktive Frau, die sich betont weiblich kleidete und eine einnehmende Art hatte. Beim Chef und den anderen männlichen Kollegen war sie sehr beliebt. Für Sabine indes war die Situation umso schwieriger, als die Kollegin im Grunde eine nette Person war. Sabine ließ diese Kollegin trotz ihrer Freundlichkeit abblitzen und ging ihr aus dem Weg. Sie war neidisch und wütend auf sie. Diesen Neid und die Wut zurückzuhalten wurde aber immer anstrengender für Sabine und die Migräneanfälle kamen in immer kürzeren Abständen.

In der psychotherapeutischen Arbeit wurde Sabines Dilemma deutlich: Sie hatte sich immer bemüht, sich unauffällig zu kleiden und ihre Weiblichkeit zu verbergen. Sie wirkte spröde. Das Sexualleben mit ihrem Partner befand sich in einer Dauerkrise, da sie selten Lust empfand und sich gehemmt fühlte. Wenn in Filmen Sex- oder Erotikszenen gezeigt wurden, schaute sie weg, sie waren ihr peinlich. Andererseits ertappte sie sich immer wieder dabei, wie sie sich an Zeitungskiosken auf den Titelseiten diverser Magazine interessiert die Playmates anschaute. In den therapeutischen Gesprächen setzte sie sich schließlich mit ihrer Weiblichkeit, ihrer Sexualität und ihren Phantasien auseinander. Ihre Mutter war eine prüde Frau gewesen und hatte Sabine streng katholisch erzogen. Sexualität war in ihrer Familie ein Tabu gewesen. Sie lernte frühzeitig, ihre Weiblichkeit zu verbergen. Wenn sie mit attraktiven Frauen in Kontakt kam, die ihre weiblichen Reize nicht verbargen, war sie unsicher, deprimiert und neidisch oder ärgerte sich über sie.

Deshalb verurteilte sie die Kollegin im Büro für ihr, wie sie fand, aufreizendes Verhalten und ihren weiblichen Kleidungsstil. Sie fand, das gehöre sich nicht. Bis zu diesem Zeitpunkt hatte es ihrem Idealbild entsprochen, dass eine anständige und moralisch integre Frau sich so nicht zu verhalten habe. Sabine hätte dieses Idealbild bestimmt weiterhin aufrechterhalten, wenn ihre Seele nicht ihren Tribut in Form von Migräneattacken eingefordert hätte. Da Sabine sehr unter der Migräne litt und die herkömmliche medizinische Behandlung zu keiner Besserung geführt hatte, sah sie sich gezwungen, sich mit ihren Konflikten auseinanderzusetzen, wenn sie wieder schmerzfrei leben wollte.

Eines Tages kam Sabine mit einem knallroten kurzen Kleid in meine Praxis. Sie hatte sich erstmals geschminkt, war beim Friseur gewesen und kaum wiederzuerkennen. Eine ganz andere Frau strahlte mich selbstbewusst und glücklich an. Mit der Zeit fand sie zu einem befriedigenden Sexualleben, und mit der unliebsamen Kollegin entwickelte sich eine lockere Freundschaft. Sabine musste sie nicht mehr ablehnen und verurteilen, denn sie fühlte sich nun selber attraktiv und hatte ihre eigene Erotik entdeckt. Nach und nach hatte sie gelernt, ihre wirklichen Gefühle und Bedürfnisse wahrzunehmen und war nun in der Lage, die Werte, die sie von ihrer Mutter übernommen hatte, durch eigene zu ersetzen. Hinzu kam die Erfahrung, dass ihr Partner, ihre Freunde und Kollegen ausgesprochen positiv auf ihre Veränderung reagierten.

An diesem Beispiel wird deutlich, was passieren kann, wenn man unerwünschte Seelenanteile als Schattenseiten verdrängt und nicht lebendig werden lässt. Umgekehrt kann etwa eine sehr exzessiv ausgelebte Sexualität dazu führen, dass andere bedeutsame Bedürfnisse zu Schattenseiten der Seele werden und nicht mehr leben dürfen. Befriedigung kann beispielsweise auch in Gesprächen mit anderen Menschen erfahren werden oder indem man sich allein sinnvoll beschäftigt und darin Erfüllung und Bestätigung erfährt.

Es sind aber nicht nur die in der Gesellschaft verpönten oder mit Scham besetzten Seiten, die viele Menschen in den Schatten verbannen. Es können genauso gut Eigenschaften und Fähigkeiten sein, die anerkannt sind und die ein Mensch dennoch nicht zu leben gelernt hat. Zum Beispiel, sich selbstsicher auf der Bühne des Lebens zu bewegen, sich für seine eigenen Rechte einzusetzen, seine Klugheit und sein Wissen zu zeigen usw.

Menschen erleben es als verunsichernd, wenn andere anders als sie selbst mit Regeln und Normen umgehen. Wenn der Nachbar nicht regelmäßig seine Kehrwoche einhält, seine Fenster nicht zweimal im Jahr putzt und womöglich nicht einmal Gardinen in seinen Wohnräumen angebracht hat, ist das manchem Bürger ein Dorn im Auge. Er wird sich vielleicht innerlich entrüsten und den betreffenden Nachbarn schief ansehen. Er erlebt das Verhalten seines Nachbarn als ungewohnt und befremdlich. Die Frage ist aber: Welche Schattenseiten verbergen sich hinter dem Reinlichkeitsbedürfnis oder dem Ordnungszwang? Die Entrüstung kann darauf hinweisen, dass im Untergrund der Seele eines solchen ordentlichen Menschen verdrängte Seelenanteile zu finden sind, die z. B. mit Ungehemmtheit, Chaos, Sich-gehen-Lassen zu tun haben können. Im Ärger über die Unordnung der anderen kommen diese seelischen Energien an die Oberfläche. Umgekehrt können Menschen, die sich ein lockeres Verhältnis zu Ordnung und Sauberkeit angeeignet haben, sich ihrerseits über die anderen aufregen, die sie als Ordnungsfanatiker empfinden. Stellt man an sich selbst fest, dass man auf bestimmte Themen sehr emotional reagiert, kann man davon ausgehen, dass man mit seinen Schattenseiten in Kontakt gekommen ist. Wenn jemand sich über die – reale oder eingebildete – Unordnung seines Nachbarn aufregt, ist es möglich, dass ihm seine eigenen unordentlichen Seiten Angst bereiten und er sie weggesperrt hat.

Welche Eigenschaften führen in meiner Seele ein Schattendasein?

Fragen Sie sich einmal, welche Gefühle und Eigenschaften Sie nicht zeigen, welche Wünsche und Bedürfnisse Sie nicht ausdrücken und worauf Sie eigentlich permanent verzichten. Trennen Sie dabei die einzelnen Lebensbereiche Beruf, Familie, Nachbarn, Freunde. Das erleichtert das klare Hinschauen.

> Welche Emotionen und Äußerungen halte ich in der Beziehung zu meinem Partner/meiner Partnerin zurück?
> Welche Seiten meiner Person lebe ich nicht?
> Welche meiner Emotionen, Eigenschaften und Wünsche wurden von meinen Eltern und anderen Bezugspersonen, also z. B. Verwandten, Lehrern oder Geistlichen abgelehnt?
> Welche Tabus gab es in meiner Familie?

Drücken Sie Ihre Schattenseiten spielerisch aus

Wenn Ihnen bewusst wird, welche Seiten Ihres Wesens Sie verdrängt haben, dann ist schon ein entscheidender Schritt getan. Dieser Schritt allein reicht aber noch nicht aus, um Ihre bislang ungeliebten, vielleicht auch beängstigenden Seiten in den Alltag zu integrieren. Wichtig ist, die emotionale Energie, die mit diesen Seiten verbunden ist, zu spüren, sie zu fühlen. Dazu reichen Methoden der Selbstbesinnung meist nicht aus. Deshalb möchte ich Sie dazu anregen, einige künstlerische Ansätze auszuprobieren, um mit den Potenzialen in Kontakt zu kommen, die in Ihrer Seele ein Schattendasein führen.

Übung: Die eigenen Schattenseiten malen

In der vorangehenden Übung haben Sie vermutlich die eine oder andere seelische Eigenschaft entdeckt, die Sie aus Ihrem normalen Leben verbannt haben, z. B. unbeherrscht sein, Ärger oder Tränen zeigen, übermütig sein, selbstsicher sein, Unsicherheit zeigen, lustvoll sein ... Ich möchte Sie einladen, eine dieser Seeleneigenschaften zu malen:

> Nehmen Sie ein Blatt Papier und Farben und versuchen Sie, diese seelische Eigenschaft zu fühlen: Wie fühlt es sich an, ärgerlich, unbeherrscht, selbstsicher, unsicher, lustvoll, neidisch zu sein ...?

> Denken Sie beim Malen möglichst wenig. Folgen Sie mit Ihrer Hand den Impulsen, die in Ihnen auftauchen.

> Wenn Sie den Eindruck haben, dass keine Impulse mehr kommen, beenden Sie Ihr Bild. Schauen Sie es an und fragen Sie sich: Was spricht aus diesem Bild? Welche Energien drücken sich in diesen Farben und Formen aus?

> Achten Sie darauf, ob und wie Sie von dem Bild berührt werden.

> Wie fühlen Sie sich jetzt?

Es ist gut möglich, dass Sie sich danach befreiter und kraftvoller fühlen, weil Sie Ihre bislang verdrängten Gefühle und Phantasien auf konstruktive Weise ausgedrückt haben.

In der nachfolgenden Übung möchte ich Sie dazu anregen, einige Emotionen, die Sie besonders beschäftigt haben, tänzerisch auszudrücken. Ich werde verschiedene Emotionen vorstellen und Sie bitten zu überprüfen, wie Sie auf jede von ihnen reagieren. Es könnte sein, dass Sie sich bei bestimmten Emotionen spontan angesprochen fühlen, bei anderen starke Ablehnung empfinden und wieder andere für Sie einfach neutral sind.

Übung: Mein Schattentanz

Nehmen Sie sich bitte ausreichend Zeit und lassen Sie die nachfolgend aufgeführten Gefühle und Gefühlszustände in aller Ruhe auf sich wirken:

> Liebe – Sehnsucht – Sex – Ekstase
> Ärger – Wut – Hass
> Eifersucht – Neid – Aggression
> Macht – Ohnmacht – Angst
> Traurigkeit – Lähmung
> Chaos

Welche dieser Emotionen ist bei Ihnen am meisten in den Schatten verdrängt? Wählen Sie eine Emotion aus. Nehmen Sie ein Thema, das Sie im Moment besonders anspricht. Und tanzen Sie diese Emotion. Versuchen Sie, ihrer Dynamik und Stimmung durch Ihren Körper und über Bewegungen einen sichtbaren Ausdruck zu verleihen.

Legen Sie eventuell eine Musik auf, die zur entsprechenden Stimmung passt.

Wenn Sie keine Möglichkeit zum Tanzen haben, können Sie sich diesen Tanz auch in der Phantasie ausmalen

Was haben Sie herausgefunden? Haben Sie Lust, auch andere Emotionen auf diese Weise zu erforschen?

Der Splitter im Auge des anderen und der Balken im eigenen Auge

Es gibt viele Menschen, die fast immer ein freundliches und geduldiges Verhalten an den Tag legen. Sie haben eine angepasste Persona und verstehen nicht, wie sich andere Menschen so sehr aufregen können, dass sie womöglich sogar die Beherrschung verlieren. Ein derartiges Verhalten finden sie beschämend. Gerät solch ein Mensch in einer extremen Stress-situation oder in einem Konflikt selbst einmal aus der Fassung, sind seine Mitmenschen schockiert über die Kälte und Härte des ansonsten so ausgeglichenen Zeitgenossen. Dieser ist selber fassungslos: »So kenne ich mich gar nicht, das bin nicht ich!« Ganz unerwartet ist eine Seite von ihm zum Vorschein gekom-men, die bisher ein Schattendasein gefristet hat.

Wie oft regt man sich im Alltag über andere Menschen auf! Die anderen sind entweder rücksichtslos, unaufmerksam und schlichtweg einfach egoistisch. Oder sie lassen sich gehen und haben zum Beispiel keine Ahnung, wie eine aufgeräumte und saubere Küche auszusehen hat. Sie kommen unpünktlich, reagieren schnell gereizt und haben keine Manieren. Man selbst ist über jeden Zweifel erhaben. Man kommt weder zu spät noch hinterlässt man Unordnung, und gereizt und ärger-lich ist man schon gleich gar nicht. Nein, man selbst ist die Geduld und Freundlichkeit in Person, ist aufmerksam und zuvorkommend. Schließlich weiß man doch um seine blin-den Flecken! Und ganz im Gegensatz zu anderen hat man sich mit sich selbst auseinandergesetzt und schon viel über sich nachgedacht.

Erkennen Sie sich darin ein Stück weit wieder? Wir sind oft so schnell darin, das Verhalten anderer zu verurteilen. In der Bibel heißt es dazu sinngemäß: Den Splitter im Auge des anderen sieht man in aller Deutlichkeit, doch für den Balken im eige-nen Auge ist man blind.

Was ärgert mich?
Schließen Sie bitte die Augen und besinnen Sie sich: Welche Eigenschaften und Verhaltensweisen regen Sie an anderen Menschen, am Partner, an Familienmitgliedern, Freunden,

Kollegen oder Nachbarn auf? Wenn Sie einige Beispiele gefunden haben, wählen Sie bitte eines aus. Nachdem Sie eine Wahl getroffen haben, gehen Sie bitte folgendermaßen vor:

1. Stellen Sie sich die Situation, in der Sie sich über die andere Person aufgeregt haben, ganz konkret vor:

> Was hat die andere Person gesagt?

> Wie hat sie geschaut?

> Wie war ihre Körperhaltung?

Am besten ist es, wenn Sie Ihre Erkenntnisse in Stichworten notieren.

2. Stellen Sie sich jetzt vor, Sie seien selbst die Person, über die Sie sich geärgert haben. Versetzen Sie sich in diese Person hinein und versuchen Sie in der Phantasie oder auch real zu spielen, was und wie sie gesprochen hat, wie sie sich bewegt und was sie gesagt hat.

3. Wenn Sie das Spiel beendet haben, fragen Sie sich, ob das Verhalten dieser Person Ihnen vertraut vorkommt:

> Könnte es sein, dass sie eine verdrängte Seite von Ihnen selbst ausdrückt?

> Lehnen Sie diese Eigenschaft bei sich selbst ab und haben Sie somit in Ihren »Keller« verbannt?

> Oder könnte es sein, dass Sie das, was Sie am anderen ablehnen, selbst gerne tun würden, sich aber nicht trauen?

4. Wenn Sie deutlicher sehen können, dass diese abgelehnte Verhaltensweise des anderen Menschen eine nicht gelebte Seite von Ihnen selbst ist, können Sie darüber nachdenken, wie Sie mit diesem verdrängten Seelenanteil zukünftig konstruktiver

umgehen möchten. Wenn Sie sich bislang nicht getraut haben, die Seite von sich selbst auszuleben, überlegen Sie, wann und wo Sie es doch einmal probieren könnten. Kommen Sie zu der Ansicht, dass Sie das nicht möchten, dann machen Sie sich trotzdem bewusst: Das lebt in mir. Es ist ein Teil von mir. Diese Bewusstheit verändert Ihr Verhältnis zu dieser bisher unbewussten Kraft.

Gerade in Konfliktsituationen wird es sehr deutlich, wie oft wir Eigenschaften anderer Menschen bekämpfen, die wir im Grunde selbst in uns haben. Nachbarschaftskonflikte sind dafür ein Paradebeispiel: Wenn die Hecke des Nachbarn in das eigene Grundstück hineinwächst, wenn zu später Stunde noch laute Musik bei ihm läuft, wenn er nicht grüßt, obwohl man glaubt, selbst sehr freundlich zu sein, können daraus erbitterte Streitigkeiten entstehen. Die Emotionen, die sich in solchen Situationen aufbauen, haben einerseits mit nicht erfüllten Bedürfnissen zu tun: Mein Territorium wird bedroht, mein Bedürfnis nach Ruhe ist nicht erfüllt. Wenn sich dadurch aber eine echte Feindschaft entwickelt und Feindbilder fixiert werden, dann werden dem anderen die verdrängten »schmutzigen« Anteile der eigenen Person untergeschoben. In der Tiefenpsychologie wird dieser Vorgang »Projektion« genannt.

Um den Umgang mit anderen von solchen Feindbildern und den damit verbundenen Emotionen zu entlasten, ist es notwendig, seine verdrängten Seelenanteile wahrzunehmen und zunächst als Gegebenheit zu akzeptieren. Nur so ist konstruktive Veränderung möglich. Wer mit sich selbst Frieden geschlossen hat, kann auch mit anderen toleranter und kompromissbereiter umgehen.

Es kann ein längerer und mühseliger Prozess sein, sich mit den eigenen Schattenseiten auseinanderzusetzen. Dass etwas von der Hochnäsigkeit und Arroganz der Nachbarn womöglich auch in uns selber steckt, ist keine angenehme Erkenntnis. Für die meisten Menschen ist es eine Herausforderung, sich überhaupt zuzugestehen, negative Emotionen wie Arroganz, Wut, Neid und Hass in sich zu tragen. Das führt dazu, dass sie unterdrückt werden – solche »furchtbaren« Gefühle darf man nicht haben! Im Unterbewussten treiben sie aber erst recht ihr Unwesen, was wesentlich mehr Unheil anrichten kann, als wenn man sich ihnen stellt, sie ans Licht holt und sich mit ihnen beschäftigt. Nur wer den Balken vor dem eigenen Auge erkennt und nicht immer nur nach dem Splitter im Auge des anderen schielt, kann mit sich selbst und mit anderen Menschen friedvoller, menschlicher und freundlicher umgehen.

Das Licht des Bewusst-Seins

In seiner Autobiographie »Erinnerungen, Träume, Gedanken« berichtete C.G. Jung von einem Traum, in dem er die Erfahrung der Untrennbarkeit von Licht und Schatten machte: »Es war Nacht an einem unbekannten Ort, und ich kam nur mühsam voran gegen einen mächtigen Sturmwind. Zudem herrschte dichter Nebel. Ich hielt und schützte mit beiden Händen ein kleines Licht, das jeden Augenblick zu erlöschen drohte. Plötzlich hatte ich das Gefühl, dass etwas mir nachfolgte. Ich schaute zurück und sah eine riesengroße Gestalt, die hinter mir herkam. Ich war mir im selben Moment bewusst – trotz meines Schreckens, dass ich unbekümmert um alle Gefahren mein kleines Licht durch Nacht und Sturm hindurch retten musste. Als ich erwachte, war es mir sofort klar: Es ist mein eigener Schatten auf den wirbelnden Nebelschwaden, verursacht durch das kleine

Licht, das ich vor mir trug. Ich wusste auch, dass das Lichtlein mein Bewusstsein war; es ist das einzige Licht, das ich habe … unendlich klein und zerbrechlich im Vergleich zu den Mächten der Dunkelheit, aber doch ein Licht, mein einziges Licht.«[1]

Es ist notwendig, in Kontakt zu kommen mit dem Licht des eigenen Bewusstseins, das uns Klarheit schenken kann. Dadurch werden die Schatten erst erkennbar. Die Helligkeit und Klarheit in unserem Bewusstsein ist die Kraft der Aufmerksamkeit und Achtsamkeit. Mit ihrer Hilfe können wir uns selbst, andere Menschen und die Umwelt, die uns umgibt, wahrnehmen und verstehen. Das ist eine der wesentlichen Fähigkeiten, die uns von den Tieren unterscheidet: Wir können denken und über uns selbst reflektieren.

Bewusst-Sein in der Meditation

Die Fähigkeit der Bewusstheit wird in der Meditation geübt. Wir sitzen, versuchen uns zu sammeln, indem wir unsere Bewusstheit auf unseren Atem oder ein Thema lenken und versuchen, mit unserer Aufmerksamkeit bei diesem Thema zu bleiben. Wir üben, uns im Hier und Jetzt zu verankern, indem wir konzentriert, präsent, entspannt und zugleich aktiv das Thema unserer Wahl im Bewusstsein halten. Das Bewusstsein wird getrübt und unruhig durch die aufkommenden Gedanken, Gefühle und Assoziationen. Mit unserer Willenskraft holen wir uns sanft, freundlich und doch bestimmt immer wieder zum Thema unserer Konzentration zurück.

---

1   Aus: C. G. Jung und Aniela Jaffé: Erinnerungen, Träume, Gedanken (Memories Dreams Reflections). Copyright © 1961/1062 by Pantheon Books. Veröffentlicht mit Genehmigung Nr. 67'667 der Stiftung der Werke von C. G. Jung, Zürich, vertreten durch die Paul & Peter Fritz AG, Literatur Agentur, Zürich.

Übung: Ruhe-Meditation

> Setzen Sie sich an einem ruhigen Ort auf einen Stuhl.
> Stellen Sie die Füße hüftbreit auseinander und legen Sie die Hände auf Ihre Oberschenkel.
> Sitzen Sie aufrecht und doch entspannt und schließen Sie die Augen.
> Atmen Sie bewusst tief ein und aus. Lassen Sie mit jedem Ausatmen Ihre Gedanken und auch die Spannungen in Ihren Schultern los.
> Versuchen Sie dann in diesem Loslassen das Wort »Ruhe« zu denken und zu spüren.

Vermutlich werden Sie die Erfahrung machen, dass es schwer ist, das Bewusstsein klar beim Thema der Konzentration zu halten. Anfangs gelingt es nur für kurze Momente. Durch regelmäßige Praxis werden die Zeiträume, in denen Sie die Erfahrung eines klaren Bewusstseins haben, aber immer länger.

Ein ruhiges Bewusstsein seiner selbst kann man nicht nur bei der Meditation erfahren. Auch Menschen, die schon einmal in einer Ausnahmesituation waren, berichten, dass sie sich mitten in der jeweiligen Situation ganz bei sich selbst fühlten. Sie waren ruhig, zentriert und gelassen, eins mit sich selbst und dem Leben. Nichts konnte sie in solchen Augenblicken wirklich aus der Bahn werfen.

Ein Mann erzählte mir von einem Brand, der in seiner Wohnung ausbrach und sich in seiner darunter liegenden Kneipe ausbreitete. Zu diesem Zeitpunkt hielten sich mehrere Menschen in seiner Wohnung auf. Der Mann setzte seine ganze Kraft daran, sie alle zu retten und größeren Schaden von Wohnung und Kneipe abzuwenden. Er berichtete, dass er sich noch nie zuvor im Leben so wach, präsent und kraftvoll gefühlt hatte.

Nicht nur in Momenten großer Gefahr können Menschen existentielle Erfahrungen machen, bei denen sie auf tiefe Weise mit sich selbst in Kontakt kommen und in der Folge wissen, was ihnen wirklich wichtig ist im Leben. Nicht immer allerdings braucht es dazu gefahrvolle Herausforderungen. Auch in Gesprächen mit Mitmenschen, die über das Alltägliche hinausgehen, ist es möglich, sich selbst in seiner ganzen Tiefe und die andere Person in einer besonderen Tiefe zu erleben. Zugleich nimmt man wahr, dass gerade etwas ganz Besonderes passiert, das sich aber dennoch ganz unspektakulär anfühlt: Zwei Seelen begegnen sich in ihrem Wesenkern. Martin Buber hat diese Erfahrung als das »Zwischen« beschrieben. Es ist der Raum, das gemeinsame Feld, in dem der Kontakt zwischen zwei Menschen entsteht und in dem jede der anwesenden Personen zugleich ganz bei sich selbst und beim anderen ist.

Solche Erfahrungen ermöglichen es, sich tief erfüllt und gleichzeitig ruhig und gelassen zu erleben und zu wissen, dass es keine Rolle mehr spielt, was in der Vergangenheit war und was in der Zukunft sein wird. Einzig und allein der jetzige Augenblick zählt.

Auch in der Natur, beim Hören eines bewegenden Musikstücks, bei der Geburt eines Kindes oder beim Sterben und Tod eines Menschen sind diese Erfahrungen erlebbar. Ich erinnere mich gut an die letzten Stunden vor dem Tod meiner Mutter. Der Moment, in dem der letzte Atemzug hörbar aus ihrem Mund ausströmte, ließ mich bei allem Schmerz ahnen, dass es noch etwas anderes gibt als das, was ich sehe, höre und denke, und eine tiefe innere Ruhe erfüllte mich.

Übung: Das Licht meines Bewusstseins

> Begeben Sie sich an einen Ort, an dem Sie sich wohlfühlen und ungestört sind.

> Setzen Sie sich aufrecht in eine meditative Haltung und schließen Sie die Augen.

> Konzentrieren Sie sich auf Ihren Atem und entspannen Sie sich.

> Lassen Sie Ihre Gedanken vorüberziehen.

> Erinnern Sie sich an Momente der Klarheit, in denen Sie sich ganz bei sich selbst fühlten: Wann bin ich hell und klar in meinem Bewusstsein?

> Versuchen Sie diesen Bewusstseinszustand jetzt zu erleben. Halten Sie ihn, verweilen Sie in ihm.

> Lassen Sie alle Gedanken vorüberziehen und kehren Sie immer wieder zu dieser inneren Helligkeit zurück.

In dieser Meditation können Sie die Erfahrung des Lichtes machen, das unsere Bewusstheit überhaupt ermöglicht.

7 Bühne frei für Ihre Stärken!

Dorthin – will ich; und ich traue
Mir fortan und meinem Griff.
Offen liegt das Meer, ins Blaue
Treibt mein Genueser Schiff.

Alles glänzt mir neu und neuer,
Mittag schläft auf Raum und Zeit –:
Nur dein Auge – ungeheuer
Blickt mich's an, Unendlichkeit!

Friedrich Nietzsche

»Es gibt nichts Gutes, es sei denn man tut es!« Sie kennen bestimmt die guten Vorsätze, die am Silvesterabend gefasst werden, manchmal auch während des Jahres, etwa wenn man bemerkt, wie der Hosenbund spannt und die Waage ein paar Kilo zuviel anzeigt. Oder man möchte seit geraumer Zeit seine Englischkenntnisse auffrischen. Mehr Bewegung wäre auch nicht schlecht. Und Meditation wollten Sie sowieso seit längerer Zeit in Ihren Tagesablauf einbauen. Doch irgendwie kommt immer wieder etwas dazwischen, sodass Sie Ihre guten Vorsätze nicht in die Tat umsetzen. Und schon ist wieder ein Tag vorbei. Und wieder hat die Zeit nicht gereicht, für die Anmeldung zum Englischkurs, zum Joggen und zum Meditieren! Als Nächstes meldet sich das schlechte Gewissen, begleitet von Frustration und Selbstvorwürfen und eine innere Stimme wirft Ihnen vor, dass Sie überhaupt nichts auf die Reihe bekommen.

Ich möchte aber nicht nur schwarzmalen. Bestimmt haben Sie in Ihrem Leben auch Phasen oder Situationen erlebt, in denen Sie etwas von der Zielstrebigkeit und unerschütterlichen Kraft

Ihres Willens gespürt haben, von der Nietzsches Gedicht über Kolumbus handelt. Es ist meine feste Überzeugung, dass unser Wille die stärkste Kraft ist, die wir besitzen und dass diese Willenskraft oft verschüttet oder erlahmt ist. In diesem letzten Kapitel möchte ich mich deshalb dem Thema widmen: Wie schaffe ich es, herauszufinden, was ich wirklich will und wie gelingt es mir, es dann auch in die Tat umzusetzen? Bei konkreten Projekten im Beruf oder auch im Privaten klappt das unter Umständen ganz gut – geht es aber um Themen der Selbstveränderung, bleiben viele gute Vorsätze auf der Strecke. Weil dies für viele Menschen ein echtes Problem darstellt, betrachte ich den Zugang zur Kraft unseres Willens als eine Nahtstelle für die persönliche Weiterentwicklung. Ich möchte Ihnen dazu Denkanstöße geben und einige Übungen vorstellen, die Sie bei diesem schwierigen Thema ein Stück weiterbringen können.

Das Steuer in die eigene Hand nehmen

Als Einstieg möchte ich Sie zu einer kleinen Übung anregen, die Ihnen helfen kann, verschieden Qualitäten Ihres Willens zu erforschen:

Übung: Ich spüre meine Entschiedenheit

> Gehen Sie ein paar Schritte und atmen Sie dabei einige Male tief ein. Lassen Sie den Ausatem mit einem entspannten Ton los. Spüren Sie, wie Sie sich gerade fühlen.

> Stellen Sie sich nun die Kraft der Entschiedenheit innerlich vor und spüren Sie, wie sie sich körperlich anfühlt.

> Visieren Sie dann einige Meter von sich entfernt einen Gegenstand an und gehen Sie mit entschiedenen Schritten darauf zu. Schicken Sie Ihre ganze Willenskraft in Ihren Blick und in Ihren Gang. Denken Sie dabei: »Dorthin will ich!«

> Vergessen Sie nicht, dabei gleichmäßig tief ein- und aus-
zuatmen.

> Sie können das mit anderen Gegenständen mehrmals wie-
derholen und auf diese Weise entschiedenes Auftreten
üben.

Wenn Sie diese kleine Übung regelmäßig durchführen, z. B.
auch während eines Spazierganges, kann sie Ihnen dabei helfen, in Ihrem Körper die Kraft der Entschiedenheit deutlicher
zu erfahren und dadurch auch im Alltag einen besseren Zugang
zu dieser Kraft zu finden.

Sie entscheiden, was Sie tun!

Unser Wollen ist direkt mit der Fähigkeit zum Entscheiden verknüpft: Wir müssen uns entscheiden, ob wir etwas wollen oder
nicht. Entschiedenheit ist deshalb eine Kernqualität des Wollens. Wer zu klaren Entscheidungen kommt, ist auch im Wollen
klar. Wer regelmäßig zwischen verschiedenen Wahlmöglichkeiten hin- und herschwankt, ist im Wollen eher wankelmütig.
Die Geschichte von Buridans Esel ist dafür typisch. Weil er sich
nicht entscheiden konnte, welcher Heuhaufen der Bessere sei,
ging der Esel so lange zwischen zwei Heuhaufen hin und her,
bis er verhungerte. Lachen Sie nicht über den armen Esel. So
wie ihm ergeht es vielen Menschen, die seelisch oder sozial nicht
bekommen, was sie eigentlich brauchen, weil sie sich nicht zwischen den verschiedenen »Heuhaufen« entscheiden können.
Sie wissen nicht klar, was sie wollen und können sich folgerich-
tig auch nicht entschieden dafür einsetzen.

Wie entschieden bin ich?
Wie ist das bei Ihnen? Wissen Sie, was Sie wollen? Kommen Sie
zügig zu Entscheidungen oder überlegen Sie oft hin und her,

ohne auf den Punkt zu kommen? Nehmen Sie sich doch etwas Zeit zur Selbstreflexion. Vielleicht schlagen Sie Ihr Tagebuch auf und schreiben Ihre Einsichten auf. Die nachfolgenden Fragen können Ihnen dabei hilfreich sein:

> Was hat die Geschichte von Buridans Esel bei mir ausgelöst?
> Bekomme ich die »Nahrung«, die ich brauche – in Beziehungen, in der Arbeit und überhaupt im Leben?
> Neige ich eher zu schnellen und überstürzten Entscheidungen oder schwanke ich eher lange zwischen den verschiedenen Entscheidungsmöglichkeiten hin und her?
> Wie fühlt sich die Kraft der Entschiedenheit in mir an?

Welche Ergebnisse hat Ihr Nachdenken erbracht? Haben Sie entdeckt, dass Sie die Steuerfrau oder der Steuermann Ihres Lebensschiffes sind und es in Ihrer Hand liegt, wie und wohin Ihr Schiff fährt? Und dass das Steuern darin besteht, viele kleine Entscheidungen zu treffen? Oder haben Sie eher gespürt, dass Sie von den Zwängen des Lebens zum Handeln getrieben werden ohne selbst zu entscheiden? Vermutlich werden Sie beides kennen: »Ich entscheide und bestimme, was geschieht!« Und »Ich habe keine Wahl, ich muss das tun!«

Für mich selbst war es sehr aufrüttelnd zu verstehen, dass die Aussage »Ich habe keine Wahl!« nicht stimmt, sondern dass ich immer auswähle zwischen verschiedenen Handlungsmöglichkeiten und dass diese vielen kleinen und großen Entscheidungen bestimmen, was ich aus meinem Leben mache. Auch wenn ich scheinbar nichts wähle, sondern alles lasse, wie es ist, habe ich gewählt. In diesem Sinne ist es Ihre Wahl, morgens zur Arbeit zu gehen, anstatt im Bett liegen zu bleiben, an einer schwierigen Partnerschaft festzuhalten, anstatt sich zu trennen, viel zu essen, anstatt kleine Portionen zu sich zu nehmen, usw. Wir stehen quasi in jeder Situation vor einer Wegkreuzung.

Warum wählen wir den einen Weg und nicht einen der anderen? Es gibt immer Gründe, warum ich eine Situation lasse, wie sie ist oder warum ich sie ändere, warum ich mich für eine Option und damit gegen andere Optionen entscheide. Reinhard Sprenger beschreibt diese Zusammenhänge in seinem Buch »Die Entscheidung liegt bei dir« sehr prägnant und anregend.

Die Gründe für unsere Wahlentscheidungen sind die Dinge, die uns am Herzen liegen: erhoffte zukünftige Verbesserungen oder das Ausbleiben negativer Konsequenzen. Wenn Sie zum Beispiel Angst haben, zum Zahnarzt zu gehen und sich aber trotzdem einen Termin geben lassen, dann tun Sie das, weil für Sie das Motiv, ein gesundes und ansehnliches Gebiss zu haben, eine stärkere Kraft hat, als die Angst vor dem Zahnarzt. »Eine stärkere Kraft haben« bedeutet: Es ist mir wichtiger!

Nun werden Sie vielleicht sagen: So viele Gedanken mache ich mir doch gar nicht, bevor ich handle! In vielen Fällen sind es doch die äußeren Umstände, die mich zwingen, in einer bestimmten Weise zu handeln. Ich habe nur wenig Einfluss auf das, was in meinem Leben geschieht! »Es« geschieht einfach! Sie haben sicher recht damit, dass bewusste und wohlüberlegte Entscheidungen nicht so häufig vorkommen. Aber müssen wir uns nicht ehrlicherweise eingestehen, dass auch vor Handlungen, die wir aus Gewohnheit tun oder bei denen wir das Gefühl haben: »Ich kann doch gar nicht anders!«, halb bewusst kurze innere Dialoge ablaufen, in denen wir »beschließen«: »Mach das so wie immer, da gehst du auf ›Nummer Sicher‹!« oder »Lass das, das macht keinen Sinn!« oder »Pack schnell zu, sonst ist es weg!« oder »Wenn du das machst, dann kann das ziemlich schlimme Konsequenzen nach sich ziehen!« Diese inneren Dialoge sind von Gefühlen begleitet und laufen sehr schnell ab. Das Denken und Fühlen und das Handeln erfolgen fast gleichzeitig. Das aber ist der entscheidende Punkt. Wenn ich mir nämlich die Gedanken, Gefühle und Handlungsimpulse bewusst mache, die in solchen Momenten im Hintergrund meines Bewusstseins aktiv sind, dann verwandelt sich das »Es geschieht einfach, ohne dass ich einen Einfluss darauf habe!« in ein »Ich sehe die Situation und ich sehe die verschiedenen Handlungsmöglichkeiten. Ich spüre unterschiedlich starke Energie bei den einzelnen Handlungsoptionen und ich bemerke meine inneren Kommentare!« Dadurch entsteht der nötige innere Freiraum, um klarer zu erkennen, was ich wirklich will.

In solchen Momenten der bewussten Auseinandersetzung mit einer Situation und den verschiedenen Handlungsmöglichkeiten geschieht aber noch etwas anderes: Ich nehme das Steuerruder selbst in die Hand. Nicht mehr un- oder halbbewusste Kommentare, Gefühle oder gewohnheitsmäßige Handlungsimpulse steuern mich, sondern ich bin bewusst dabei und entscheide. Und meine Wahlentscheidung, welche der möglichen Handlungsoptionen ich ausführen will, ist meine Antwort auf die Situation. Ich selbst verantworte, was ich tue. Wenn es schiefgeht, kann ich nicht sagen: Ich bin das halt so gewohnt! Ich kann da nichts dafür! Ich übernehme Verantwortung für mein Handeln, und das bedeutet: Ich übernehme damit auch die Verantwortung für mein Leben. Bewusstheit, Präsenz und Verantwortung hängen eng mit der Kraft der Entschiedenheit zusammen, die in solchen Momenten zum Tragen kommen kann.

Wer entscheidet: »Es« oder »Ich«?

Schauen Sie auf die letzten Tage und nehmen Sie verschiedene Handlungen in den Blick, bei denen es auch möglich gewesen wäre, anders zu handeln: Sie hätten mit der S-Bahn anstatt mit dem Auto in die Stadt fahren können, Sie hätten mehr Obst anstatt Süßigkeiten einkaufen können, etc. Dabei können Sie sich fragen, welche Instanz in Ihnen die Wahl getroffen hat: Waren es Ihre Gewohnheiten, die ganz automatisch abliefen? Oder haben Sie so und nicht anders gehandelt, weil Ihre Eltern es auch so gemacht haben? Oder haben Sie nach Abwägen von Gründen eine bewusste Entscheidung getroffen?

Haben Sie den Unterschied bemerkt zwischen automatischen »Entscheidungen« und bewussten Wahl-Entscheidungen? Ich möchte Ihnen hier nicht nahelegen, von nun an jeder Handlung eine bewusst gefällte Entscheidung vorangehen zu lassen, denn viele eingeübte Handlungen erleichtern das Leben. Aber in entscheidenden Situationen wäre es schon gut, die Bewusstheit für die eigenen Wahlmöglichkeiten zu erhöhen. Denn dadurch könnten Sie viel mehr von dem bekommen, was Ihnen wirklich wichtig ist! Nur: Wie findet man heraus, was einem wirklich wichtig ist?

Sie werden sich vielleicht fragen, warum es so schwer ist, das eigene Steuerruder in die Hand zu nehmen. Was hindert uns daran, selbstverantwortlich, bewusst und entschieden durchs Leben zu gehen? Sie könnten sich natürlich genauso fragen: »Was habe ich davon, wenn ich mich von halbbewussten inneren Kommentaren und gewohnheitsmäßigen Antrieben steuern lasse?« Ich möchte Ihnen ein paar Anregungen geben, in welcher Richtung Antworten auf diese Fragen gesucht werden können:

> Wenn ich wähle und entscheide und bewusst eine Handlung in Angriff nehme, dann empfinde ich Fehlschläge viel stärker. Ich trage alleine die Verantwortung und kann niemand anderem die Schuld für das Misslingen in die Schuhe schieben.

> Es ist viel bequemer, so zu handeln, wie alle handeln oder wie man es gewohnt ist. Das Leben läuft quasi »auf Autopilot« und das erfordert viel weniger Anstrengung. (Das ist ja in manchen Situationen sicher auch angemessen, aber kann ich auch auf den bequemen Autopilot schalten, wenn ich als Person von einer Situation gefordert bin, wenn meine persönliche Antwort und Reaktion gefragt ist?)
> Entwicklungspsychologisch betrachtet ist das Vermeiden von selbstverantwortlichem Verhalten verknüpft mit einer kindlichen Haltung: Die anderen versorgen mich, ich verhalte mich brav, so wie ich es soll, ich verlange keine Extrawürste, dann falle ich nicht auf, habe keine Probleme und muss auch keine Strafen fürchten.

Sie werden bemerkt haben, dass selbstverantwortliches und bewusstes Handeln sehr viel damit zu tun hat, erwachsen und selbstständig durchs Leben zu gehen. Fritz Perls, der Begründer der Gestalttherapie, wurde in einem Fernsehinterview einmal gefragt, ob er in einem Satz sagen könne, was das Ziel der Gestalttherapie sei. Seine Antwort war: »Dass die Klienten lernen, sich selbst den Hintern abzuwischen!« Mit diesem drastischen Bild wollte er klarmachen, dass es für die seelische Gesundheit von zentraler Bedeutung ist, die kindliche Haltung, dass die Eltern oder andere Autoritäten einem helfen und den Weg zeigen sollen, überwunden werden muss. Ich muss für mich selbst die Verantwortung übernehmen und, wenn ich Hilfe brauche, nicht in einer kindlichen Weise darauf warten und schreien, sondern mich selbstbewusst und in einer erwachsenen Form darum bemühen.

Ich möchte Sie an dieser Stelle noch einmal zu einer Selbstbesinnung einladen:

Selbstverantwortlich handeln

Was haben Sie empfunden und gedacht, als Sie die vorangegangenen Abschnitte gelesen haben?

> Haben Sie Seiten an sich entdeckt, wo Sie erwachsenes und selbstverantwortliches Verhalten vermeiden und »brav« das tun, was von Ihnen erwartet wird?
> Was haben Sie davon, wenn Sie nicht selbstverantwortlich handeln? Was bringt es Ihnen?
> Wann sind Sie »auf Autopilot« geschaltet, obwohl eigentlich gefordert wäre, dass Sie Ihre persönliche Antwort auf die Situation geben?
> In welchen Situationen erleben Sie sich erwachsen und selbstverantwortlich? Wie fühlt sich das an?

Ich möchte Ihnen zum Thema »Selbstverantwortung« noch eine einfache aber sehr wirkungsvolle Übung aus Georg Kühlewinds Buch »Licht und Freiheit« vorschlagen, die Sie jederzeit durchführen können:

Übung: Einen Anfang setzen

Halten Sie einen Moment inne. Wenn Sie wollen, können Sie dabei auch kurz die Augen schließen und zwei- bis dreimal tief durchatmen. Stellen Sie sich dann das, was Sie als Nächstes tun wollen, bewusst vor: Das Buch wieder in die Hand nehmen, den nächsten Abschnitt lesen, zum Fenster hinausschauen oder was immer es ist. Führen Sie dann den Beginn der Aktion, für die Sie sich entschieden haben, sehr bewusst aus und werden Sie sich dabei bewusst, dass Sie einen Anfang setzen können.

Sie können das im Laufe des Tages immer wieder einmal tun. Einfach kurz innehalten und sich beim Beginn der nächsten Aktion bewusst machen: Ich setze den Anfang für diese Aktivität! Sie werden sich dabei Ihres selbstverantwortlich handelnden Ich bewusst.

Wie finde ich Zugang zu den Energiequellen meines Handelns?

Sie kennen sicher auch Situationen, in denen Sie zielstrebig und voller Tatendrang gehandelt haben, und vielleicht auch andere Situationen, in denen Sie sich etwas vorgenommen hatten, Ihnen dann aber die Energie fehlte, es auch tatsächlich zu tun. Ich möchte mit Ihnen erkunden, woher die Energie kommt, die unserem Wollen und Handeln zugrunde liegt.

Erinnern Sie sich, wann Sie das letzte Mal so richtig Hunger gespürt haben? In diesem Moment werden Sie vermutlich nicht lange gezaudert haben, sondern Sie werden sich aktiv bemüht haben, Ihren Hunger zu stillen. Ihr unerfülltes Bedürfnis hat ihre Willensenergie aktiviert. Das ist nicht nur beim Hunger so, sondern auch bei allen anderen Bedürfnissen: Wenn uns das fehlt, was wir für unser körperliches, seelisches oder geistiges Überleben oder für unser Wachstum brauchen, dann entsteht von selbst der Drang, das Fehlende zu bekommen. Ich möchte Ihnen vier Gruppen von Bedürfnissen vorstellen, die wir als Antriebsquellen unseres Willens betrachten können. Immer wenn eines dieser Bedürfnisse nicht erfüllt ist, wird in der Seele Energie mobilisiert, um die Bedürfnisbefriedigung zu erreichen.

Physiologische Bedürfnisse
Wohlbefinden und Lebensfreunde hängen mit Nahrung, Flüssigkeit, Atemluft, Schlaf, körperlicher Gesundheit, Bewegung und Sexualität zusammen. Es ist elementar wichtig für unser seelisches und körperliches Wohlbefinden und unsere Konzentrations- und Leistungsfähigkeit, dass wir genügend zu essen und zu trinken haben und ausreichend Schlaf und Erholung, um uns zu regenerieren.

Sicherheitsbedürfnisse

Keiner äußeren Bedrohung ausgesetzt zu sein, ist ein grundlegendes menschliches Bedürfnis. Wir reagieren mit tiefer Verunsicherung, wenn unser Arbeitsplatz bedroht ist, wir uns in unseren Wohnräumen unsicher fühlen oder wenn wir uns um unsere körperliche oder psychische Gesundheit ernsthaft sorgen müssen. Ist das Bedürfnis nach Sicherheit erfüllt, können Angstfreiheit und Gefühle der Geborgenheit und des Vertrauens entstehen.

Soziale Bedürfnisse

Viele unserer Grundbedürfnisse sind auf andere Menschen bezogen. Der Mensch ist kein Einzelwesen, sondern braucht andere Menschen. Das Bedürfnis, gesehen, beachtet und wertgeschätzt zu werden, ist dabei von ganz besonderer Bedeutung. Kinder können sich nicht wirklich entfalten, wachsen und gedeihen, wenn ihnen von Eltern oder anderen Erziehungspersonen nicht genügend Aufmerksamkeit, Wertschätzung und Liebe entgegengebracht wird. Aber auch Erwachsene bekommen große Probleme, wenn sie keine Aufmerksamkeit und Wertschätzung erfahren. Grundlegend wichtig ist es auch, sich einer Gruppe zugehörig zu fühlen (Familie, Berufsgruppe, Freizeitgruppe, Religionsgemeinschaft usw.). Wer sich ausgegrenzt fühlt, kann darunter genauso leiden wie ein Säugling, der nicht genug Nahrung bekommt. Aber auch Gerechtigkeit ist ein wichtiges Bedürfnis im Zusammenleben mit anderen Menschen. Gerechtigkeit hat zu tun mit dem Erleben des eigenen Wertes im Verhältnis zu anderen.

Ich-Bedürfnisse

Selbstentfaltung, Unabhängigkeit und Autonomie sind besonders in der heutigen Zeit wichtige Bedürfnisse für viele Menschen. In der kindlichen Entwicklung zeigen sie sich zum ersten Mal in der Trotzphase, wenn das kleine Kind beispielsweise alles selbst machen will. Auch in der Pubertät ist die Abgrenzung von den eigenen Eltern ein wichtiges Bedürfnis. Ein zentrales Ichbedürfnis ist auch die Frage nach der eigenen Identität: Wer bin ich? Man identifiziert sich mit anderen Menschen, mit Gemeinschaften und einer bestimmten Kultur. Von daher erklärt sich die Betroffenheit, wenn etwa die politische Partei, der man sich zugehörig fühlt, verliert, oder der Fußballclub, dem man sich verbunden fühlt. Wenn Kinder und Erwachsene ihre eigene Stärke und Leistungsfähigkeit erfahren können und sich dabei stark und kompetent fühlen, dann wird ein ganz grundlegendes Bedürfnis erfüllt. Aber auch das Bedürfnis, die Welt zu verstehen und sie als geordnet und sinnvoll zu erleben, kann man zu den Ichbedürfnissen zählen.

Welche Bedürfnisse sind für mich besonders wichtig?

Um herauszufinden, welche Bedürfnisse für Sie besonders wichtig sind, können Sie sich einzelne Lebensbereiche vor Augen halten. In der Familie, der Partnerschaft, im Umgang mit Freunden, bei der Arbeit oder in der Freizeit:

> Wo erleben Sie besonders stark das Bedürfnis nach Sicherheit und Geborgenheit?
> Wo erleben Sie besonders stark die Bedürfnisse nach Kontakt, Anerkennung, Wertschätzung oder Zugehörigkeit?
> Wo erleben Sie besonders stark die Bedürfnisse nach Autonomie, Selbstentfaltung, Identität oder Rückzug in den eigenen Raum?

Fällt es Ihnen leicht, Ihre wichtigsten Bedürfnisse zu erkennen? Wenn dies nicht der Fall sein sollte, können Sie zu dieser Übung zurückkehren, wenn Sie im Verlauf dieser Ausführungen vielleicht genauer erkennen, was Gefühle der

Anspannung und des Unwohlfühlens mit Ihren Bedürfnissen zu tun haben.

	Physiologische Bedürfnisse	Sicherheits- bedürfnisse	Soziale Bedürfnisse	Ich- Bedürfnisse
Familie				
Partnerschaft				
Freunde				
Arbeit				
Freizeit				

Was Bedürfnisse mit Gefühlen zu tun haben

Wenn ein elementares Bedürfnis nicht erfüllt ist, erleben Sie einen Mangel. Und wenn dieser Zustand zu lange andauert, äußert sich das in Gefühlen von Frustration, Angst, Ärger, Unmut, Langeweile, möglicherweise auch in depressiven Verstimmungen. Auf der körperlichen Ebene können unerfüllte Bedürfnisse Müdigkeit, Anspannung und Nervosität auslösen. Diese negativen Gefühle, Stimmungen und Körperreaktionen zeigen an, dass etwas aus dem Lot geraten ist. Die innere Balance ist in Unordnung geraten.

Wie jeder andere Mensch haben auch Sie im Laufe Ihrer persönlichen Entwicklung zu den einzelnen Bedürfnissen unterschiedliche Beziehungen entwickelt. Bei manchen Bedürfnissen haben Sie vielleicht eine große Frustrationstoleranz, weil diese Bedürfnisse in ihrer Kindheit und weiterer Lebensgeschichte gut erfüllt wurden. Sie können gut damit umgehen, wenn sie nicht sofort erfüllt werden. Bei anderen Bedürfnissen ist Ihr Wille hingegen sofort aktiviert, wenn sie nicht erfüllt sind, und Sie handeln ohne zu zögern. Sie haben gelernt, sich für diese Bedürfnisse einzusetzen, weil Sie wissen, dass Sie sich sehr unwohl fühlen, wenn Sie ihre Erfüllung hinauszögern. Und bei einigen Bedürfnissen ist es vielleicht so, dass Sie gar nicht deutlich bemerken, wenn Sie nicht erfüllt sind. Sie fühlen sich zwar unwohl, aber Sie wissen gar nicht so genau, was Ihnen fehlt. Dabei kann es sich um Bedürfnisse handeln, die in Ihrer Kindheit nicht oder nur sehr ungenügend erfüllt wurden. Das hat intensiven seelischen Schmerz erzeugt, und um diesen Schmerz aushalten zu können, haben Sie sich schon als Kind angewöhnt, diese Bedürfnisse zu unterdrücken und sie nicht mehr zu spüren. So ist es Ihnen vielleicht gelungen, auf wertschätzende Zuwendung Ihrer Mutter oder Ihres Vaters zu verzichten oder auf Freiraum zum Spielen, oder darauf, einfach nur allein, in Ruhe mit sich selbst sein zu dürfen. Auch wenn der kindliche Bewegungsdrang, die Suche nach Körperkontakt oder Wissbegierde von den Eltern abgelehnt werden, lernen wir schon als Kinder, diese Bedürfnisse nicht mehr zu spüren. Als Erwachsener nimmt man dann vielleicht ein Gefühl von Unzufriedenheit oder Unsicherheit wahr, kann dieses Gefühl aber nicht mit den zugrundeliegenden unerfüllten Bedürfnissen in Verbindung bringen.

Das bewusste Wahrnehmen der eigenen Gefühle und Bedürfnisse ist wichtig, um einen Zugang zu den Energiequellen des Handelns zu haben. Das Auftauchen unguter Gefühle ist vergleichbar mit der Kontrollleuchte beim Auto. Kaum jemand wird es ignorieren, wenn er am Armaturenbrett seines Autos eine Lampe aufleuchten sieht. Auch Körper und Seele brauchen unsere Aufmerksamkeit, wenn etwas aus dem Gleichgewicht geraten ist. Ich möchte Sie zu einer kleinen Selbstbesinnung einladen:

Was fehlt mir jetzt gerade?
Nehmen Sie den gegenwärtigen Moment zum Anlass, den folgenden Fragen nachzuspüren:

> Wie spüre ich jetzt gerade meinen Atem und meine Muskel-
spannung? Und welche Gefühlsstimmung ist damit verknüpft?

> Wenn Sie sich entspannt und wohl fühlen, können Sie sich
fragen: Welches Bedürfnis ist jetzt gerade erfüllt? Und wenn
Sie sich irgendwie angespannt und unwohl fühlen, können
Sie sich fragen: Was fehlt mir jetzt gerade? Welches Bedürfnis ist jetzt gerade nicht erfüllt?

Die Frage nach unseren Gefühlen und die nach unseren Bedürfnissen sind der Zugang zur Energieebene unseres Wollens und
Handelns. Diese beiden Fragen können Sie sich in jeder Situation Ihres Lebens stellen.

Klar und entschieden handeln

Manche Menschen tun sich schwer damit, zwischen verschiedenen Möglichkeiten zu entscheiden. Warum ist das so? Wieso ist
es manchmal so schwer zu wissen, was wir wollen? Manchmal
ist die Fähigkeit zum Entscheiden regelrecht blockiert. Hinter
dieser Blockade verbergen sich häufig innere Konflikte, die in
inneren Streitgesprächen ausgetragen werden. Dabei kommen
verschiedene Stimmen zu Wort. Friedemann Schulz von Thun
beschreibt in seinem Buch »Arbeiten mit dem inneren Team«,
wie man diese inneren Stimmen als Mitglieder eines Teams ansehen kann, wobei die entscheidende Ich-Instanz die Teamleitung
darstellt. Sie als bewusst wahrnehmende, empfindende, den-
kende und entscheidende Instanz haben eine Führungsfunktion
in Ihrer Seele. Können Sie mit diesem Bild etwas anfangen?

Ich möchte Ihnen am Beispiel eines Coaching-Klienten zeigen,
wie sich die unterschiedlichen inneren »Teammitglieder« in

einer bestimmten Situation zu Wort gemeldet haben: Jens hatte seinen Job gewechselt. Von der neuen Arbeitsstelle versprach er sich mehr Anregungen und Aufstiegschancen. Zunächst war alles positiv – die Kollegen waren nett, die neuen Herausforderungen reizten ihn und die höheren Gehaltszahlungen machten ihn stolz. Es war alles genau so, wie er sich das vorgestellt hatte. Doch schon nach relativ kurzer Zeit schickte ihn sein Chef in ein sehr anspruchsvolles Projekt. Der Vorgesetzte war sich sicher, dass Jens der Aufgabe fachlich gewachsen sein würde. Er hatte aber nicht damit gerechnet, dass die Mitglieder der betreffenden Projektgruppe über sein Erscheinen überhaupt nicht erfreut waren und sehr unfreundlich auf ihn reagierten. Ein Kollege machte Jens das Leben besonders schwer, weil er ihn fortwährend spüren ließ, dass er fachlich noch nicht kompetent sei. Die Kollegen betrauten ihn mit besonders schweren Aufgaben und versagten ihm dabei jegliche Unterstützung. Innerlich aufgewühlt, überlegte Jens hin und her, was er in dieser Situation tun sollte.

Der *Rebell* in ihm rief empört: »So etwas lasse ich mir auf keinen Fall bieten! Wer bin ich eigentlich!«

Die *schüchterne Seite* reagierte kleinlaut: »Ich glaube, ich habe mir zuviel zugetraut!«

Das *kleine, unsichere Kind* in ihm sehnte sich nach Hilfe und Unterstützung vom »Papa«: »Ich rufe sofort meinen Chef an! Der soll mir weiterhelfen!«

Dann kam der *Kritiker* auf die Bühne: »Siehst du, du bist eben doch nicht so intelligent und fähig zu solch einer Aufgabe! Lass die Finger davon!«

Der *innere Schweinehund* meldete sich dann auch noch zu Wort: »Das ist doch viel zu anstrengend für dich! Geh zu deiner alten Arbeitsstelle zurück! Dort könntest du eine ruhige Kugel schieben!«

Jens gab der Stimme seines inneren Schweinhundes nach. Er kündigte den neuen Job und ging an seine alte Arbeitsstelle zurück. Damit hatte er aber erst recht ein Problem. Er fühlte sich als Versager und am alten Arbeitsplatz nicht mehr wohl. Das war der Anlass dafür, dass er sich Unterstützung in Coachinggesprächen suchte.

Ich möchte Sie mit der nachfolgenden Übung dazu anregen, Ihr inneres Team kennenzulernen. Die »Teammitglieder« sind die verschiedenen inneren Stimmen, die sich in Entscheidungssituationen zu Wort melden und sich dabei durchaus auch widersprechen können. Sie sind die Chefin oder der Chef dieses Teams und es liegt an Ihnen, diese Stimmen wahrzunehmen und die dahinter liegenden Bedürfnisse und Wünsche zu verstehen. Und es liegt an Ihnen, zu entscheiden, welche Stimme in der gegebenen Situation am meisten Gewicht haben soll. Oft werden nur die dominanten Stimmen gehört, die die sich am lautesten Gehör verschaffen. Wenn Sie aber aufmerksam in sich hineinhören und -spüren, werden Sie feststellen, dass es da auch noch leisere Stimmen gibt, die sich vielleicht nicht so lauthals in den Vordergrund drängen. Oft könnten sie aber das Zünglein an der Waage sein, wenn Sie Klärung in Ihre innere Seelenlage bringen wollen.

Übung: Entscheidungsprozess mit dem »inneren Team«
Wählen Sie ein Thema aus, das für Sie im Moment oder in der nächsten Zeit zur Entscheidung ansteht. Gut geeignet ist eines, bei dem Sie wirklich unentschieden sind oder vielleicht auch ratlos und verunsichert. Sie können diese Übung schriftlich machen oder die Fragestellungen auch nur in Gedanken durchgehen. Hilfreich ist eine lockere und offene innere Haltung: Lassen Sie Einfälle kommen, ohne angestrengt nachzudenken!

> Was sagt der sachlich denkende Realist in Ihnen zu dem Thema?
> Was sagt der Emotionale?
> Was sagt der Kritiker?

> Was sagt der kreative Spieler?
> Was sagt das ängstliche Kind?
> Was sagt das lustvoll betonte Kind?
> Was sagt der faule innere Schweinhund?
> Welche Stimmen melden sich noch in Ihnen zu Wort?

Was nehmen Sie wahr, wenn Sie diese verschiedenen Seiten in sich zum Ausdruck bringen? Welche Stimme hat sich den stärksten Ausdruck verschafft? Welche war leise und kaum wahrnehmbar? Verstehen Sie die unerfüllten Bedürfnisse, die als treibende Energie hinter diesen Stimmen wirken?

Wenn man sich in einer Situation befindet, in der sich zwei widersprüchliche Stimmen deutlich herauskristallisieren und man beim besten Willen keine Entscheidung treffen kann, ist eine Erforschung der beiden Seiten mit Hilfe von zwei Stühlen sehr hilfreich. Bei dieser Methode geht es darum, voll und ganz bei der jeweiligen Seite oder Stimme in uns zu sein und sie mit allen ihren positiven und negativen Emotionen, Gedanken und Phantasien zu würdigen. Dabei ist es wichtig, nicht rasch eine Entscheidung herbeiführen zu wollen, sondern in Ruhe beide Seiten zu erforschen. Auf diese Weise kann ohne unser willentliches Zutun eine Klarheit entstehen, die sich echt und stimmig anfühlt, und die es uns leichter macht, eine gute Entscheidung zu treffen. Dabei geht es nicht nur um die vernünftigen Aspekte sondern vor allen Dingen um die Stimmen, die »aus dem Bauch«, aus dem Gefühl sprechen.

Dadurch dass Sie beide Stimmen laut aussprechen, ihre Gefühle spüren und diese auch ausdrücken, wird für Sie erlebbar, was Ihnen wirklich am Herzen liegt. Sie können während dieses Prozesses auch gewissermaßen »an die Seite treten«, sich vor die beiden Stühle stellen und beide Stimmen von außen betrachten.

Übung: Dialog zwischen zwei Entscheidungs-
alternativen

Nehmen Sie eine Situation in der Sie sich nicht entscheiden können. Sie können das erst einmal auch mit einer kleinen, einfachen Situation ausprobieren, z. B.: Will ich heute
Abend joggen oder lieber ins Kino gehen? Will ich eine große
Geburtstagsparty feiern oder nur gemütlich mit ein paar lieben Freunden den Abend genießen? Will ich mich für einen
Sprachkurs oder doch lieber für einen Tanzkurs anmelden?

Stellen Sie zwei Stühle einander gegenüber im Raum auf.
Der eine Stuhl steht für Entscheidungsalternative A und der
andere für Entscheidungsalternative B.

> Spüren Sie, bei welcher der beiden inneren Stimmen sich im
  Augenblick Ihre stärkste Energie befindet. Setzen Sie sich
  auf den Stuhl, der dieser Stimme zugeordnet ist. Spüren Sie
  Ihren Atem und Ihre momentane Stimmung und sprechen
  Sie die Gedanken, Argumente, Gefühle und Körperempfindungen aus, die Ihnen zu dieser Seite in den Sinn kommen. Versuchen Sie zu spüren, welche unerfüllten Bedürfnisse hinter den Gefühlen wirksam sind: Worum geht es mir
  eigentlich, wenn ich auf diesem Stuhl sitze?

> Meldet sich die andere Seite in Ihnen, dann wechseln Sie auf
  den anderen Stuhl. Kommen Sie dort wirklich an, atmen Sie
  tief durch und spüren Sie Ihren Körper und Ihre Gefühle.
  Sprechen Sie die Gedanken und Gefühle aus, die sich auf
  diesem Stuhl zeigen. Auch hier ist es wichtig, genau zu spüren und auszusprechen: »Worum geht es mir eigentlich bei
  dieser Handlungsalternative?«

> Gehen Sie so lange zwischen diesen beiden Seiten hin und
  her, bis Sie mehr Klarheit in sich spüren.

> Stellen Sie sich zum Abschluss in die Mitte hinter die bei-
  den Stühle und wenden Sie sich von einer ruhigen und über-
  schauenden Position beiden Seiten zu. Fragen Sie sich:

> Welche Position zieht mich mehr an?
> Welche Position stößt mich mehr ab?
> Welche Position fühlt sich stimmiger an?
> Wie fühle ich mich überhaupt im Moment?

Manche Themen erschließen sich nicht gleich beim ersten Versuch. Es geht bei diesem Vorgehen prinzipiell darum, jeder Handlungsmöglichkeit Raum zu geben, sich umfassend auszusprechen. Man kann diesen Prozess der Selbsterforschung auch schriftlich durchführen. Manchmal sind mehrere Durchgänge notwendig und bei schwierigeren Entscheidungsprozessen braucht es vielleicht auch ein ein- oder mehrmaliges Überschlafen. Sie können durch diese Methode lernen, tiefere Schichten Ihres Willens wahrzunehmen und in den Entscheidungsprozess einzubeziehen. Wenn es Ihnen gelingt, sich für die Handlungsoption zu entscheiden, die von einer starken inneren Energie getragen ist, dann führt das auch zum Handeln! Neujahrsvorsätze werden oft deshalb nicht umgesetzt, weil diese starke Kraft des Willens nicht dahintersteht.

Ich möchte Ihnen deshalb vorschlagen, diese und die vorangegangenen Methoden auch anzuwenden, wenn Sie Übungen aus diesem Buch in Ihr Leben integrieren möchten. Und ich wünsche Ihnen, dass Sie auch im Alltag bei den vielen kleinen und größeren Entscheidungen auf Ihre Gefühle und Bedürfnisse hören und sie so in Ihre Überlegungen einbeziehen. Je mehr Ihnen das gelingt, desto mehr Kraft wirkt in Ihrem Wollen und Handeln. Als praktisches Hilfsmittel möchte ich Ihnen abschließend noch das »Bewusstheitsrad« vorstellen, das sich nicht nur in Entscheidungssituationen bewährt hat.

Übung: Innere Prozesse klarer sehen mit
dem Bewusstheitsrad

Das »Bewusstheitsrad« kann Sie dazu anregen, wie durch fünf
Fenster hindurch auf eine Entscheidungssituation zu schauen:

> Wahrnehmen: Sinnliche Beobachtungen und Erfahrungen
  sensibel und ohne Wertungen aufnehmen.
> Denken: Vorstellungen, Gedanken, Phantasien, innere Di-
  aloge und den »Film im eigenen Kopf« bewusst machen.
> Fühlen: Den eigenen Körper sensibel wahrnehmen und
  Stimmungen, Gefühle und Emotionen spüren.
> Wollen: Bedürfnisse, Antriebe, Wünsche bewusst machen.
> Handlungsdenken: Konkrete Handlungsvorstellungen –
  das »Probehandeln im Denken« – bewusst machen.

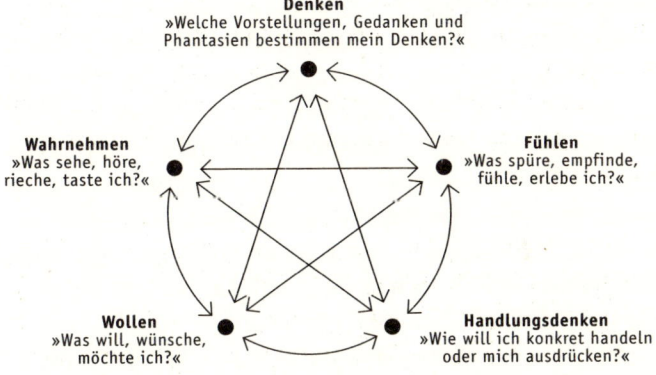

Das »Bewusstheitsrad«, aus: Ballreich/Glasl 2007

Wenn Sie eine Entscheidungsfrage haben, können Sie systematisch jede Station des »Bewusstheitsrades« durchgehen. Meist
ist es sinnvoll, mit dem Wahrnehmen oder mit dem Denken zu
beginnen. Bei wichtigen Entscheidungen lohnt es sich auch,
diesen Klärungsprozess schriftlich durchzuführen.

Ich nutze das Bewusstheitsrad für mich selbst in der psychotherapeutischen Arbeit und biete es meinen Klienten an, wenn es darum geht, wichtige Entscheidungen zu treffen oder in Stresssituationen mehr Klarheit zu bekommen. Wenn Sie es anwenden, dann werden Sie bemerken, dass Sie sowohl die äußere Situation wie auch Ihre eigenen Gedanken, Gefühle und Bedürfnisse schneller und klarer verstehen. Das hilft Ihnen, Entscheidungen zu treffen, hinter denen Sie dann auch stehen.

Eigenwille und Schicksal

Bisher wurde vor allem beschrieben, was wir selbst tun können, um Zugang zur Energie unseres Willens zu finden. Es gibt aber in unserem Leben auch viele Dinge, auf die wir keinen Einfluss haben. Das können alltägliche Gegebenheiten sein: Die roten Ampeln, wenn wir in Eile auf dem Weg zur Arbeit sind, das Nicht-Erscheinen des Handwerkers, das stundenlange Festhängen in der Warteschleife einer Telefon-Hotline usw. Es können aber auch einschneidende Schicksalsschläge sein: der Verlust des Arbeitsplatzes, schwere Erkrankungen, die einen selbst ereilen oder Menschen, die einem nahestehen, die Trennung von geliebten Menschen, ein Autounfall oder Naturkatastrophen. Wenn wir dem »Willen« begegnen, der die Räder der Welt bewegt und auf den wir keinen Einfluss haben, dann stellt sich die Frage, wie wir damit umgehen können. Gibt es Wahl- oder Entscheidungsmöglichkeiten, wenn mich ein Schicksalsschlag trifft? Es ist meine Überzeugung, dass wir bis zu unserem letzten Atemzug Wahlmöglichkeiten haben, vor allem die Entscheidung darüber, wie wir mit einer Situation, die uns trifft, umgehen wollen: Können wir die Situation annehmen und akzeptieren oder hadern wir mit unserem Schicksal und machen eventuell andere Menschen dafür verantwortlich, dass uns etwas Leidvolles widerfahren ist?

In Schicksalssituationen stellt sich aber auch die Frage: Was ist wirklich gut für mich? Was ist eine glückliche Fügung? Dazu kommt mir eine alte taoistische Geschichte in den Sinn, die Sie vielleicht schon kennen. Es ist die Geschichte von einem armen, alten Mann und seinem Sohn. Sie besaßen ein Pferd, das eines Tages davonlief. Die Nachbarn beklagten den Verlust. Der alte Mann fragte nur: »Warum glaubt ihr, dass das ein Unglück ist?« Einige Zeit danach kehrte das Pferd zurück, zusammen mit einigen wilden Pferden. Die Nachbarn staunten und beglückwünschten den alten Mann. »Warum glaubt ihr, dass das ein Glück ist?«, erwiderte er. Der Sohn brach sich eines Tages beim Reiten ein Bein. Wieder bedauerten die Nachbarn den Mann, und wieder entgegnete er: »Warum glaubt ihr, dass das ein Unglück ist?« Kurz darauf brach ein Krieg aus, und der Sohn des alten Mannes musste aufgrund seiner Verletzung nicht Soldat werden.

Im Umgang mit Schicksalsfragen ist für mich der Gedanke hilfreich, dass wir alle in ein »großes Ganzes eingebunden sind«, von dem wir selbst ein Teil darstellen. Ich stelle mir einen großen Willen vor, der im Räderwerk der Weltereignisse wirkt. Manche Menschen bezeichnen diesen universalen Willen auch als Gott. Etwas, das sich außerhalb unseres Alltagsbewusstsein befindet, das aber unser Leben mitbestimmt und beeinflusst und auch in uns wirkt. Das Unangenehme und Schmerzliche, das uns als Schicksal widerfahren kann, können wir auch als eine Aufgabe betrachten, an der wir wachsen und verborgene Kräfte in uns entdecken. Viele Menschen, die in ihrem Leben schweres Leid durchgemacht haben, berichten, dass sie gestärkt und gereift aus diesen Erfahrungen hervorgegangen sind. Ich erinnere mich in diesem Zusammenhang an einen alten Freund, der einmal in einer Situation, in der ich sehr unglücklich war und unbedingt meinen Willen durchsetzen wollte, von Demut sprach. Was wäre, sagte er mir damals, wenn du Demut empfinden könntest? Es hat mir in dieser Situation geholfen, mein egoistisches, persönliches Wollen loszulassen. Es gelang mir, eine andere Haltung dem Leben gegenüber einzunehmen. Ich konnte erleben, dass es noch etwas anderes gibt, das größer ist als mein Eigenwille.

Wie reagiere ich auf Situationen, die ich nicht ändern kann?

Wie geht es Ihnen, wenn Sie Situationen gegenüberstehen, die Ihren Willen bremsen? Dabei kann es um kleinere Ziele gehen, die Sie nicht so erreichen, wie Sie sich das vorgestellt haben, oder auch um größere Lebenspläne.

> Versuchen Sie hartnäckig den Widerstand zu beseitigen, auch wenn sie die Situation realistisch betrachtet nicht ändern können?
> Resignieren Sie schnell und fühlen sich ohnmächtig und hilflos?
> Gelingt es Ihnen, die Situation als gegebene Realität zu akzeptieren und zu schauen, welche Möglichkeiten sie Ihnen bietet?

Vielleicht kennen Sie Menschen, die in den schwierigsten Lebenssituationen nicht den Mut und das Vertrauen in das Leben verlieren, und immer noch das Beste daraus machen. Vielleicht sind Sie auch selbst solch ein Mensch. Wir können uns in solchen Situationen durch die Kraft unserer Gedanken und durch einen guten Umgang mit unseren Gefühlen selbst unterstützen. Wir können uns auch im Gespräch mit Freunden, durch Beratung oder Psychotherapie Hilfe holen. Wie wir uns in herausfordernden Situationen verhalten, hängt mit der eigenen Grundstabilität, mit unserer Selbstsicherheit und mit dem Grundvertrauen ins Leben zusammen.

In den USA und vielen europäischen Ländern, unter anderem auch in Deutschland, gibt es die sogenannten »Anonymen Gruppen«. Dort treffen sich Menschen, die mit ihren Süchten (nach Drogen, Alkohol, Essen, Medikamente etc.) zu kämpfen haben und sich in großer Not befanden und oft auch noch befinden. Viele Menschen lernen in diesen Gruppen, dass ihr normaler Wille nicht ausreicht, um die Sucht zu besiegen, dass es aber eine größere Macht gibt, die ihnen helfen kann, aus dem Teufelskreis auszubrechen. Diese größere Macht ist nach meinem Verständnis ein tieferer Wille, der sich in der Seele Bahn brechen kann, wenn das egoistische Ich kapituliert hat. Diesen tieferen Willen kann ich nicht gezielt wollen, ich muss ihn zulassen. Dieses Kapitel möchte ich darum mit dem berühmten »Gebet um Gelassenheit« von Reinhold Niebuhr abschließen:

»Gott gebe mir die Gelassenheit, Dinge hinzunehmen,
    die ich nicht ändern kann,
den Mut, Dinge zu ändern, die ich ändern kann,
und die Weisheit, das eine vom anderen zu
    unterscheiden.«

Zum Schluss

Liebe Leserin, lieber Leser,

Wir sind am Ende unserer gemeinsamen Reise angekommen. Ich freue mich, wenn Sie Anregungen gefunden haben, die Ihnen Kraft gegeben und Sie auf dem Weg zu sich selbst ein Stück weitergebracht haben. Trauen Sie sich, auf der Bühne Ihres ganz besonderen und einzigartigen Lebens die Hauptrolle zu spielen!

Ich danke Ihnen für Ihr Interesse und Vertrauen. Wie Sie vielleicht bemerkt haben, sind die Anleitungen zur Selbstwahrnehmung und die kreativen Übungen dieses Buches nicht abgehakt, wenn man sie einmal gemacht hat. Vielleicht möchten Sie das Buch also immer wieder einmal zur Hand nehmen, um sich Anregungen zu holen für Ihre persönliche Entwicklung.

Wenn Sie Lust haben, können Sie gerne mit mir Kontakt aufnehmen. Sie sind herzlich willkommen. Meine E-Mail-adresse lautet s.breuninger-ballreich@t-online.de.

Auf meiner Homepage www.zgt-stuttgart.de finden Sie Seminarangebote zu den Themen, die im Buch besprochen sind.

Literatur

Auhagen, A. E. (2004). Positive Psychologie. Weinheim, Basel: Beltz Verlag

Assagioli, R. (1998). Die Schulung des Willens. Paderborn: Junfermann Verlag

Ballreich, R.; Glasl, F. (2007). Mediation in Bewegung. Stuttgart: Concadora Verlag

Ballreich, R.; Held, W.; Leschke, M. (2008). Stress-Balance. Mehr Lebensqualität für Männer. Esslingen: Gesundheitspflege initiativ

Bialy, v. J.; H.V. (1998). Siebenmal Perls auf einen Streich. Paderborn: Junfermann Verlag

Blankertz, S.; Doubrawa, E. (2005). Lexikon der Gestalttherapie. Wuppertal: Peter Hammer Verlag

Bly, R. (1993). Der lange Sack, den wir hinter uns herschleppen. In: Zweig, C.; Abrams, J. (Hrsg.) (1993). Die Schattenseite der Seele. Bern: Scherz Verlag

Branden, N. (2007). Die 6 Säulen des Selbstwertgefühls. München: Piper Verlag

Brown, B. (2001). Befreiung vom inneren Richter. Bielefeld: Kamphausen

Buber, M. (1962). Das dialogische Prinzip. Heidelberg: Lambert Schneider

Cameron, J. (2000). Der Weg des Künstlers. München: Knaur

Cooper, J. C. (1985). Der Weg des Tao. Bern: Scherz Verlag

Dreitzel, H. P. (1998). Emotionales Gewahrsein. München: Deutscher Taschenbuch Verlag

Ende, M. (1973). Momo. Stuttgart: Thienemanns Verlag

Freud, S. (1964). Abriss der Psychoanalyse. Frankfurt/Main: S. Fischer Verlag

Horney, K. (1991). Neurose und menschliches Wachstum. Frankfurt/Main: Fischer Taschenbuch Verlag

Heidenreich, T., Michalak, J. (2006). Achtsamkeit und Akzeptanz in der Psychotherapie. Tübingen: dgvt-Verlag

Hüther, G. (1999). Biologie der Angst. Wie aus Stress Gefühle werden. Göttingen: Vandenhoeck & Ruprecht

Jacoby, M. (1993). Scham-Angst und Selbstwertgefühl. Heitersheim: Walter-Verlag

James, M.; Jongeward, D. (1992). Spontan leben. Reinbek bei Hamburg: Rowohlt Verlag

Jäger, W. (1999). Geh den inneren Weg. Freiburg im Breisgau: Verlag Herder

Jimenez, J. R. (1977). Herz, stirb oder singe. Zürich: Diogenes Verlag

Johnson, S. M. (1993). Charakter-Transformation. Oldenburg: Transform Verlag

Jung, C. G. (1962). Träume Erinnerungen Gedanken. Zürich: Rascher Verlag

Kabat-Zinn, J. (2003). Gesund durch Meditation. Bern: Scherz Verlag

Kabat-Zinn, J. (2006). Zur Besinnung kommen. Freiamt: Arbor Verlag

Kast, V. (2002). Der Schatten in uns. München: Deutscher Taschenbuch Verlag

Klein, P. (1993). Tanztherapie – ein Weg zum ganzheitlichen Sein. München: Pfeiffer Verlag

Kühlewind, G. (2004). Licht und Freiheit. Stuttgart: Verlag Freies Geistesleben

Maslow, A. H. (2002). Motivation und Persönlichkeit. Reinbek bei Hamburg: Rowohlt Verlag

Mentzos, S. (1998). Neurotische Konfliktverarbeitung. Frankfurt/Main: Fischer Taschenbuch Verlag

Münchhausen, M. von (2007). So zähmen Sie Ihren inneren Schweinhund. Frankfurt/Main: Campus Verlag

Naranjo, C. (1993). Gestalt. Präsenz, Gewahrsein, Verantwortung. Freiamt: Arbor Verlag

Perls, F. (1991). Gestalt-Therapie in Aktion. Stuttgart: Klett Verlag

Petzold, H. G. (2001). Wille und Wollen. Göttingen: Vandenhoeck & Ruprecht

Rilke, R.M. (2004). Die Gedichte. Frankfurt/Main: Insel Verlag

Rosenblatt, D.; Doubrawa, E.; Blankertz, S. (2003). Gestalt Basics. Wuppertal: Peter Hammer Verlag

Roth, G. (1998). Leben ist Bewegung. München: Heyne Verlag

Rückert, H. W. (2006). Schluss mit dem ewigen Aufschieben. Frankfurt/Main: Campus Verlag

Santorelli, S. (2000). Zerbrochen und doch ganz. Freiamt: Arbor Verlag

Schoop, T. (1981) … komm und tanz mit mir! Zürich: Verlag Musikhaus Pan AG

Schulz von Thun, F.; Stegemann, W. (Hg.) (2007). Das innere Team in Aktion. Reinbek bei Hamburg: Rowohlt Verlag

Schütz, A. (2005). Je selbstsicherer, desto besserer? Weinheim, Basel: Beltz Verlag

Sprenger, R. K. (2004). Die Entscheidung liegt bei Dir! Frankfurt/Main: Campus Verlag

Stevens, J. O. (1975). Die Kunst der Wahrnehmung. München: Chr. Kaiser Verlag

Stone, H. und S. (1994). Du Bist Viele. München: Heyne Verlag

Wardetzki, B. (2003). Weiblicher Narzissmus. München: Kösel-Verlag

Wilke, E.; Hölter, G.; Petzold, H. (1991). Tanztherapie – Theorie und Praxis. Paderborn: Junfermann Verlag

Zweig, C.; Abrams, J. (Hrsg.) (1993). Die Schattenseite der Seele. Bern: Scherz Verlag

Anmerkung des Verlages:
Bei einigen Texten war es trotz gründlicher Recherchen nicht möglich, die Inhaber der Rechte ausfindig zu machen. Honoraransprüche bleiben bestehen.